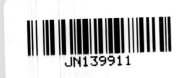

## ホクロは神様からのメッセージ！

はじめまして、スカチャン・宮本です！　ぼくは「ホクロ占い」をやっております。

この本をお読みのみなさん、鏡で自分の顔を見てください。目立つホクロはありますか？

人相学では、ホクロは神様がうってくれた「一点の墨」ともいわれています。

いわば、ホクロは「神様からのメッセージ」なのです!!

ホクロからの「メッセージ」を受け取れば、あなたもきっと
幸運がつかみとれるはずです!!

### ホクロは魅惑のアクセサリー！<br>ホクロで輝く「ホクロ美人」!!

ホクロには不思議な魅力があります。特に、男性にとって、女性の黒い点は魅力的なアクセントになります。ホクロは魅惑のブラックホール。ホクロは「ミステリアスなアクセサリー」なのです。

芸能界にはたくさんの「ホクロ美人」が活躍されています。まずは「ホクロ美人」たちを例に挙げさせていただいて、彼女たちがどうして輝いているのか、ご説明いたしましょう！　この方たちの顔を思い浮かべれば、きっと、知らずのうちに「ホクロ」に惹かれていたことがわかるはずです!!　ホクロの位置と意味は、第１章でじっくりと解説しています。ここで紹介するホクロにはすべて番号をふってありますので、ご参照ください！

芸能界で活躍されている「ホクロ美人」に、よく見かけられるホクロがいくつかあります。まず一つがクチビルとアゴの間にある「34・女優・俳優ボクロ」です。このホクロを持つ人は「喜怒哀楽」に富み、女優さんのように感情豊かな人です。

このホクロを持つ有名人が、波留さんです。「若手実力派女優」という言葉がピッタリの波留さん。アゴにある大きなホクロが、まさに「魅惑のアクセサリー」となっている女優さんです。波留さんの「34・女優・俳優ボクロ」はとても大きく、形も整って色も濃く、ツヤも良い、すばらしいホクロです。後ほど、意味は改めて説明しますが、このようなホクロを「生きボクロ」といいます。「生きボクロ」であるからこそ、ホクロの意味が存分に発揮されているのです！

1991年生まれの波留さんは、2004年に13歳でデビューしているので、すでに10年以上のキャリアを積んでいます。10代の頃から女優としての評価は高く、ドラマ通の間では知る人ぞ知る存在だった波留さん。2015年、朝ドラ『あさが来た』で主役をされたことをきっかけに、知名度は一気に全国区に。その後は刑事ドラマ、母娘愛憎ドラマ、そして『あなたのことはそれほどでも』では不倫ドラマと、ジャンルを問わずたくさんの作品に出演されています。そんな波留さんは「出演する作品によって、印象や表情が大きく変わる為、自分だと気づかれないことが多々ある」と語っています。まさに感情豊かな証拠、天性の女優さんといえるのではないでしょうか。

芸能界で活躍されている「ホクロ美人」によく見受けられるホクロがもう一つ。それが頬骨と鼻の間にある「20・タレントボクロ」です。多くの人から可愛がられ、人望を集め成功できる人に表れるホクロで、芸能界にいる人にはうってつけのホクロです。

このホクロを持つ有名人が、有村架純さんで、普段はあまり目立ちませんが、右側にあります。波留さんと同じく、2013年の朝ドラ『あまちゃん』で、知名度が一気に全国区になりました。それからは数々の映画やドラマに主演され、大活躍されています。

有村架純さんは「20・タレントボクロ」よりも、アゴの脇にある小さなホクロが目立ちます。ご本人もご自身のお気に入りのパーツとしてこのホクロを挙げていらっしゃる様です。このホクロは「36・リーダーボクロ」です。強いリーダーシップを発揮し、組織やチームを成功へ導くことができるホクロです。

朝ドラ『あまちゃん』では「助演」だった有村架純さんは、2017年の『ひよっこ』では「主演」を務めることに。有村架純さんは「助演」よりも「主演」の方が似合うのです。有村架純さんは人の中心で輝くことで、人を導く力を持っているのです。それは「36・リーダーボクロ」と「20・タレントボクロ」がよい相乗効果を生んでいるからなのです。

ところで、有村架純さんの『20・タレントボクロ』ですが、メイクであまり目立ちません。色もちょっと薄いようです、ぼくはメイクで隠すのではなく、濃くして「生きボクロ」にした方が、さらに運勢が開けると思うのですが……。

ローラさんも有村架純さんと同じ「36・リーダーボクロ」をお持ちです。ローラさんも支える側ではなく、支えられる側ということを表しているのでしょう。実はローラさんは左目の下にホクロメイクをしています。それが「17・かまちょボクロ」です。この「17・かまちょボクロ」も多くの「ホクロ美人」に表れるホクロです。このホクロは異性への強い欲求を表し、いつでも誰かにいてほしい寂しがり屋さん、かまってちゃんに表れるホクロです。「17・かまちょボクロ」があるローラさんと、ホクロがないローラさんを見比べてみてください。ホクロがある方がセクシーで、男性の印象にも残りやすくないですか？

ローラさんの人気は男性からだけではありません。女性からはファッションリーダーとして、子供たちからは無邪気なお姉さんとして、世代越えて人気を得ています。誰もが「ほっておかずにはいられない！」のがローラさんなのです。ローラさんは、このホクロメイクをすることで、沢山の人から可愛がられることを、本能的に感じ取っているのかもしれません。元々持っている「36・リーダーボクロ」に、「17・かまちょボクロ」をメイクすることで、良い相乗効果を生み出しているのです。

そして、「ホクロ美人」という言葉がいま一番ピッタリの方といえば、小松菜奈さんではないでしょうか？　映画で共演された福士蒼汰さんは「彼女は他の人には出せない魅力を立っているだけで出せる」とまで語っています。

ホクロが多い小松菜奈さんですが、決して悪い見え方はしていないと思います。むしろ、ホクロがある事によって、美人度が増しているかのようです。現在、小松菜奈さんこそ、「ホクロ美人」の体現者といえるかもしれません。

では、小松菜奈さんのホクロを解説していきたいと思います。小松菜奈さんには印象的な四つのホクロがあります。すべて色が黒々として濃い「生きボクロ」です。

一つ目は鼻の中央にある「18・コツコツボクロ」。何事に対しても、闘志満々でぶつかっていく努力家に表れるホクロです。

二つ目は左ほうれい線の内側にある「26・ハッピー！ボクロ」。衣・食・住に困らない強運の持ち主に表れるホクロです。

三つ目は左頬骨下にある「29・ポジティブボクロ」。心の中にある願望が強く、それを満たすためにバリバリと仕事に取り組み、名声を得る人に表れるホクロです。

四つ目は有村架純さん、ローラさんにもあった「36・リーダーボクロ」です。

そして、メイクで隠れてしまっていてあまり目立たないのですが、気になるホクロがもう一つ。それは、鼻の付け根にある「15・カリスマボクロ」です。このホクロを持つ人は、大きな責任がある事を任され、人生の困難に立ち向かうことになります。それを果たす事で幸運が訪れる人に表れます。モデルにドラマに主演映画と、多方面での大活躍されている小松菜奈さん。たくさんの責任ある仕事を任されても、それを乗り越えているからこそ、ステップアップされ続けているのです。

この五つのホクロから、小松菜奈さんは「お仕事の運」がとても高いことがわかります。そして、ホクロが多いにもかかわらず、５つのホクロが良い意味で働き、それぞれのホクロの意味が見事なまでに連携し、相乗効果を生んでいるのです!!　「15・カリスマボクロ」と「36・リーダーボクロ」というプレッシャーのかかる運勢を、「18・コツコツボクロ」や「29・ポジティブボクロ」という努力が支えているからこそ、幸せな生活が送れる「26・ハッピー！ボクロ」が生きているのです。

小松菜奈さんには、さきほどあげた「ホクロ美人」によく見かける「17・かまちょボクロ」「20・タレントボクロ」「34・女優・俳優ボクロ」がありません。タレント的な華やかなホクロがないのです。それが、逆に印象的な「魅惑のアクセサリー」となって、小松菜奈さんを輝かせているのです！

一つ一つのホクロには意味があるのです。あなたにとって、コンプレックスだったはずのホクロは、実は幸運をもたらす「メッセージ」かもしれないのです！　ホクロの意味を理解すれば、あなたにもきっと幸運が訪れるはずですよ!!

# makepoint

## ホクロメイクのためのベースメイクの話

By 藤井陽子（メイクアップアーティスト）

### 印象アップ女子

ビジネスシーンにおいて重要なのは清潔感があり、派手にならず、働く女性のたしなみとしてきちんとメイクもしていること。やりすぎ注意ですが、あまりにもナチュラルを意識してすっぴん風になっては、顔がぼやっとみえてしまい、印象に残りにくくなります。まずはベースメイク。疲れなどを感じさせないよう、クマやくすみはコンシーラーでしっかりカバーしましょう。続いてアイメイク。ベージュ系のアイシャドウで瞼に色をあまり感じさせないようにしアイラインとマスカラで目ヂカラをつけましょう。チークは肌の色になじみやすい、コーラルピンクをふんわりいれます。リップはグロスだけにせず、ピンクベージュ系の口紅で顔全体の血色をよくさせましょう。第一印象で「きちんと感」を与えましょう。

### ゆるふわ愛され女子

守ってあげたい！と思わせる、愛されメイク。男子ウケ抜群ですよね。優しく柔らかい印象になるように、全体的に“まぁるく”を心がけましょう。眉はナチュラルにパウダーで仕上げ、眉山もしっかりとるのではなく“まぁるく”なだらかにつけます。アイシャドウはピンクやピンクブラウンなどでやわらかい色づかいにします。ビューラーとマスカラでまつ毛をしっかりあげることによってくりくりっとした“まぁるい”目元になります。チークはピンク系のなかでもやわらかいピンクを選び、黒目の下を中心に“まぁるく”いれましょう。

### できる系女子

プレゼンの場などで、できる女性の印象を与えることによって、仕事の幅が広がったりキャリアアップにつながっていきます。清潔感は忘れず、更にしっかりとしたメイクをしていきましょう。アイメイクはブラウン系で目元をひきしめます。大粒のラメは下品に見えてしまいますが、繊細なパールのシャドウは上品さを演出してくれます。目元を少しクールに仕上げることにより、できる女の印象を与えやすくなりますが、全てをクールにしてしまうと、キツい印象になってしまいます。そこでリップ、チークをオレンジベージュ系、ローズベージュ系にすることにより女性らしさ、華やかさを出しましょう。

### 小悪魔色っぽ女子

デートなど、今日はちょっと気合いをいれたい!!!　という日におすすめのメイクは、とにかく色っぽく!!　目元はラメやパールの入ったシャドウを使用し、輝きをプラスしましょう。まつ毛はしっかり上げるというよりは、自然にカールがつく程度にし、目尻と下まつげを中心にマスカラをぬると色っぽい魅力的な目元になります。口元はピンクやローズ系でしっかり発色させ、グロスでつやっぽくしあげます。女性らしさをちりばめて、男性をドキッとさせちゃいましょう！

※具体的なメイク方法は、「メイクパート」P120を参照のこと。

# スカチャン・宮本の

# 開運！ホクロ占い＆メイク

延べ3,000人を占って得た、
40以上のホクロの意味、教えます。

宮本和幸

メイク監修：藤井陽子

竹書房

## はじめに

# ホクロは人生の「サイン」

さて、みなさん、鏡でご自分の顔をご覧になりましたか？　一番気になるホクロはどれですか？　そのホクロは、あなたにとってチャームポイントですか？　それともコンプレックスですか？

ぼくには、左頬に大きなホクロがあります。そして、このホクロは「コンプレックス」でした。ぼくが「ホクロ占い」を始めたきっかけも、この「コンプレックス」だったホクロで人生が変わったからなのです！　だから、みなさんにも、「ホクロ占い」でホクロの意味を知り、幸運をつかんでほしいのです!!

人は生まれた時は、基本的にホクロは一つもありません。生まれた時からホクロがある人はとても強運で、大きな宿命を持っている可能性があります。ホクロは一人当たり平均10～20個あると言われ、だいたい、20歳で完成するといわれています。大きくなったり、小さくなったり、濃くなったり、薄くなったり、新しくできたり、突然なくなったりします。そのため「ホクロ占い」は手相と違って、長期的に見るものなのです。いま思い当たる節がなくても「これから先に当たる可能性があるかも……」と思ってください。

**ホクロは人生の「サイン」です！**

ホクロは人生経験を積むことによって、表れるべき所に表れるのです。だから、ホクロが少ない人はメッセージが少ないという意味になり、多い人はメッセージが多いということになります。ホクロが多い人は、良いホクロも悪いホクロも多いので、浮き沈みが激しい人生を送ることになります。

そして、表れたホクロにはちゃんと意味があります。良い意味を持つものと、悪い意味を持つものがあります。しかし、良いホクロが表れた人でも、運をつかむためには、本人の努力が必要であり、努力を怠れば、運の持ち腐れとなります。悪いホクロが表れたら、それは注意信号、警告だと思ってください。むしろ、「悪いことを回避するために表れた」と考えるべきです。ホクロの持つ意味をしっかりと理解していればよいのです。

## 「ホクロ」占いとは？

では、「ホクロ占い」をご説明しましょう！

「ホクロ占い」は人相学の一つです。中国で２０００年前に確立された統計学を交えた鑑定です。人相学の本を読みあさり、先生に弟子入りして、独学でまとめあげたのが、宮本流の「ホクロ占い」です。

「ホクロ占い」によってわかることは三つあります。

１・性格、２・身体の悪い所、３・未来へのアドバイスと警告です。

判断基準も三つあります。一つ目は位置です。顔、身体の場所により意味が違い、全部で２００種類以上あります。

二つ目は色です。濃いとポジティブ、薄いとネガティブを表します。

三つ目は大きさです。その位置にあるホクロの意味合いの度合いを表します。但し、７ミリ以上のホクロはホクロではなく皮膚の異常です。

前述しましたが、ホクロには「生きボクロ」と「死にボクロ」があります。判断基準の二つ目・色、三つ目・大きさに関与することです。

「生きボクロ」は、色が黒くツヤがあるホクロ、ふっくらと盛り上がっているホクロ、色が濃いホクロ、輪郭がはっきりしているホクロです。それが明確になるほどに、ホクロの持つ意味がポジティブ、プラスになっていきます。さきほどご紹介したホクロ美人たちは、たくさんの「生きボクロ」を持っているのです。

「死にボクロ」は、黒以外の色、ツヤがないホクロ、ペッタリと平面なホクロ、色が薄いホクロ、輪郭がボヤけているホクロです。それが曖昧になるほどにホクロの持つ意味がネガティブ、マイナスになっていきます。

しかし、「死にボクロ」がある方もご安心を！　努力や日頃の行いによって、「生きボクロ」に変わっていくことがあります。逆に「生きボクロ」が「死にボクロ」に変わってしまうこともあるので、注意してください。

このようにホクロは、位置、数、「生きボクロ」か「死にボクロ」によって、ホクロ同士が相乗効果を生み出しているのです。

## 「ホクロメイク」で幸運を!!

「私には幸運のホクロがない……」と思われた方も、ご安心ください！　前述しましたように、ローラさんは「ホクロメイク」をすることで、運勢をあげているのです!!　手相の世界でも「金運の線」をマジックで書くと金運がアップするといわれている様に、ホクロの世界でもホクロを書くことで運気がアップするといわれているのです！　実際、「ホクロメイク」や「つけボクロ」をしている世界的に有名な方が二人いらっしゃいます。

一人目は、マリリン・モンローさんです。マリリン・モンローさんといえば、左口元のホクロを思い浮かべるのではないでしょうか？　しかし、昔の写真を見てみると、ホクロがなかったり、右にホクロがあったり、左にホクロがあったりと、「つけボクロ」だったことがわかります。ホクロの意味を知らずに、「ホクロは魅力を引き出すアクセントになる」ということを本能的にわかっていらっしゃっていたのでしょう。ちなみに、頬骨の下にあるホクロの意味は「29・ポジティブボクロ」です。欲望が強く、その欲を満たすために、仕事をこなす人に表れるホクロです。

ホクロのないマリリン・モンローを想像してみてください。それはもうマリリン・モンローではありません！ホクロがなければ、ここまで世界の人々の記憶に残らなかったと思われます。時代のセックスシンボルとして、トップスターに躍り出たのも、ホクロの持つ力のおかげだったのです。

もう一人がレディー・ガガさんです。レディー・ガガさんも、写真を見るとホクロがなかったり、ホクロが目の下にあったり、頬骨にあったりと、「つけボクロ」であることがわかります。彼女もまた、「ホクロには不思議な力がある」ということを本能的に感じとっているのかもしれません。ちなみに、目の下のホクロが意味するのは「17・かまちょボクロ」。異性への強い欲求を表しています。頬骨のホクロの意味は「21・サクセスボクロ」です。芯の強さや持ち前の負けん気で、成功を手に入れることができます。セクシーで、奇抜な衣装をしている彼女は、過激なパフォーマンスで多くの人達を魅了するには、芯の強さや負けん気が必要だと思います。彼女の「つけボクロ」と彼女の生き方は見事なまでにリンクしています。彼女はきっとホクロの意味を本能的に理解しているのではないかと、ぼくは推測しています。

世界的に有名な美女二人も、「ホクロメイク」をしているのです!!

みなさんも、「ホクロメイク」をすれば、きっと、なりたいあなたになれるはず！　さあ、「ホクロメイク」で、幸せをつかみとりましょう!!

# CONTENTS



## CHAPTER.1



### COLUMN1



### COLUMN2

## COLUMN3



## CHAPTER.3



## CHAPTER.2

# 本書に出てくる顔相パーツ図

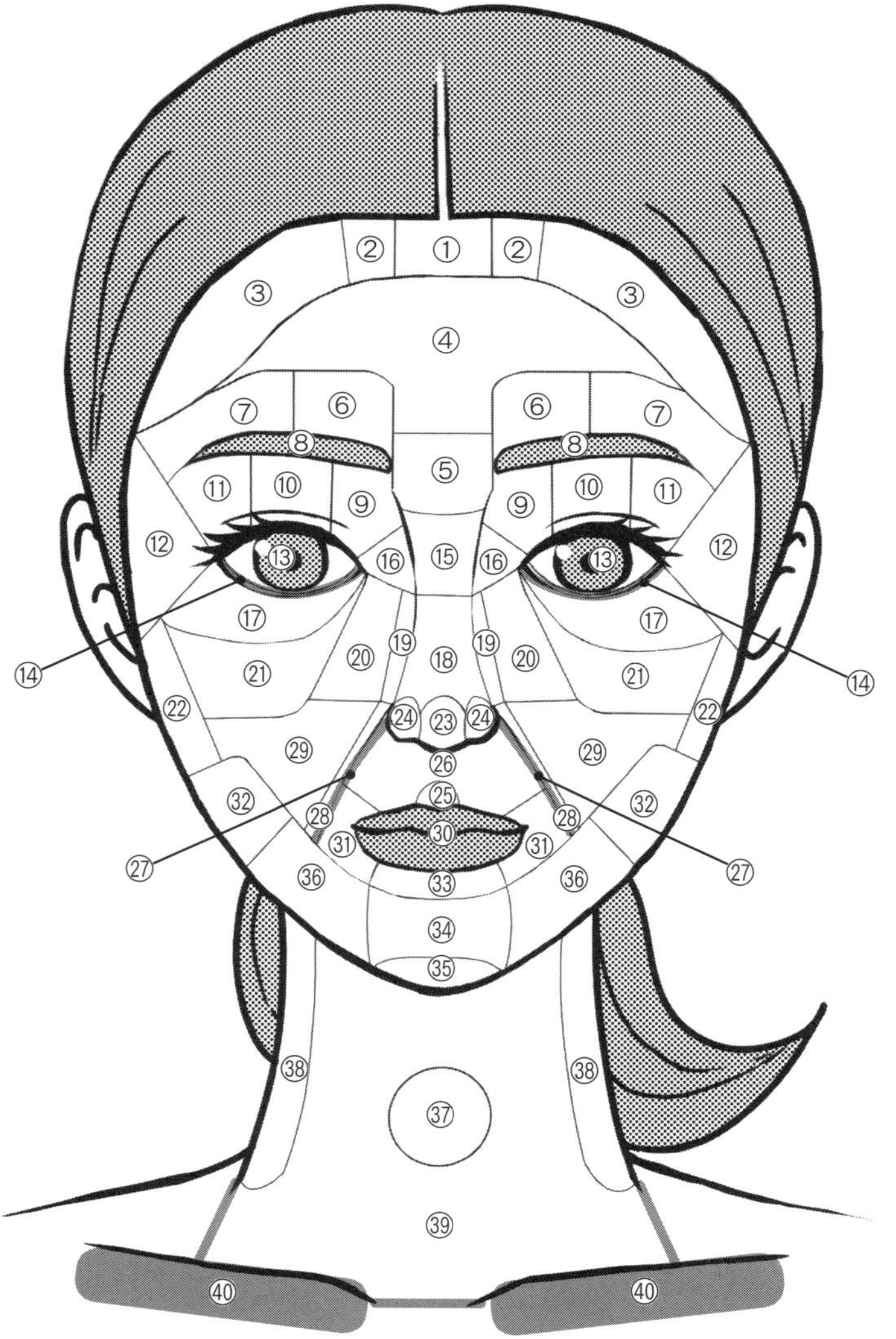

CHAPTER.1

# 顔のホクロ占い

顔のホクロの位置とその意味をご紹介しましょう！
手鏡などを用意して、まずは自分の
「現在」のホクロをチェックしてみましょう！
準備はできましたか？
では、ホクロからのメッセージ、受け取ってください！

## 01 うっかりボクロ

**積み重ねた努力が
ムダになっちゃう
うっかり屋さん！**

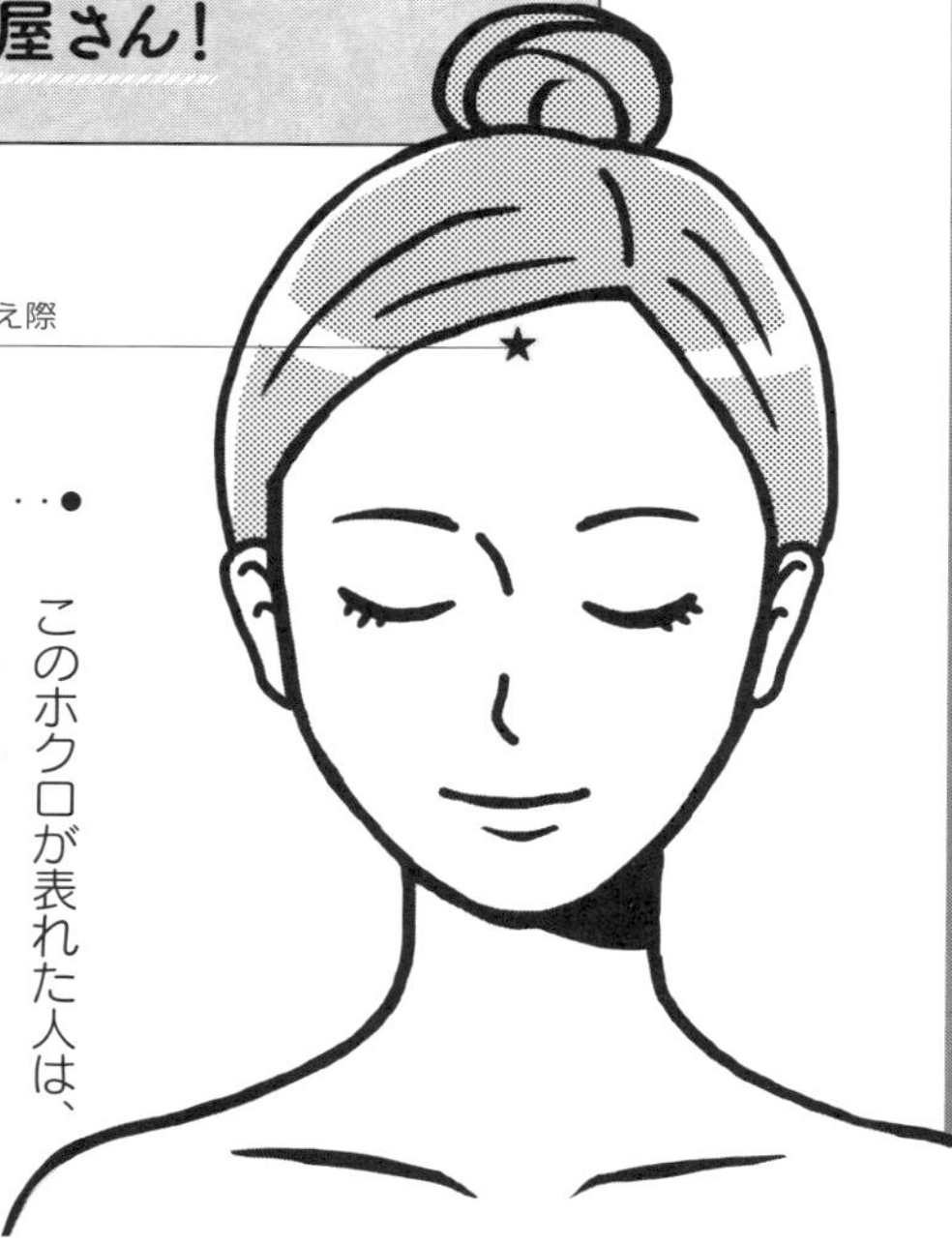

額の中央の髪の生え際

このホクロが表れた人は、あと少しのところで、今までの努力が無駄になってしまう……という運勢を持っています。

とはいえ、心配しなくても大丈夫。このホクロは「何事も最後まで油断しないで！」というメッセージなのです。仕事や恋愛が順調に進み、ゴール寸前！　というところで、自分のミスはもちろん、他人の妨害、事故などでゴールテープを切れない可能性があることを、ホクロが教えてくれているのです。このホクロが表れた人は、「何かを疎かにしていないかな？」「忘れていることはないかな？」と、よく考えて行動することをオススメします。

　ぼくが占った方で、このホクロ

を持っていたのが元オセロ・中島知子さんです。バラエティー番組では見かけない日はないほどの人気、ドラマや映画でも活躍されていましたが……ある問題を抱えて、一気にお茶の間で見かけなくなってしまいました。問題の真相はわかりませんが、ホクロは「油断禁物です！」というメッセージを送っていたのでしょう。一見、悪い意味のホクロに思われるかもしれませんが、頑張り屋の人だからこそ表れているホクロなのです。

　このホクロは「天狗ボクロ」ともいって、目上の人に対して、反抗的な態度や言葉遣いなどをしてしまう恐れがあります。目上の人に感謝することが開運につながることを忘れずに。このホクロが表れた人は、何事に対しても「調子に乗らない」ということも、肝に命じておきましょう！

　このホクロが「死にボクロ」だと、取り返しのつかない悪い結果につながります。ホクロのメッセージを守らないと、「うっかり屋さん」じゃすまされませんよ！

★「うっかりボクロ」を持つ**有名人**★

元オセロ・中島知子さん、
松山千春さん、
バイキング・小峠英二さん

### 「うっかりボクロ」を持つ人**あるある**

- 「好きな人とつきあえそう！」と喜んでいる間に、他の人に横取りされる
- 一生懸命勉強したのに、試験当日に体調を崩す
- ポケットにメモをいれたまま洗濯したことがある
- うさぎとカメのうさぎの気持ちがよくわかる
- レンタルビデオを返し忘れ、高額な延滞料金を取られたことがある

# 02 トラブルボクロ

**人より不運な目にあう可能性高し。要注意！**

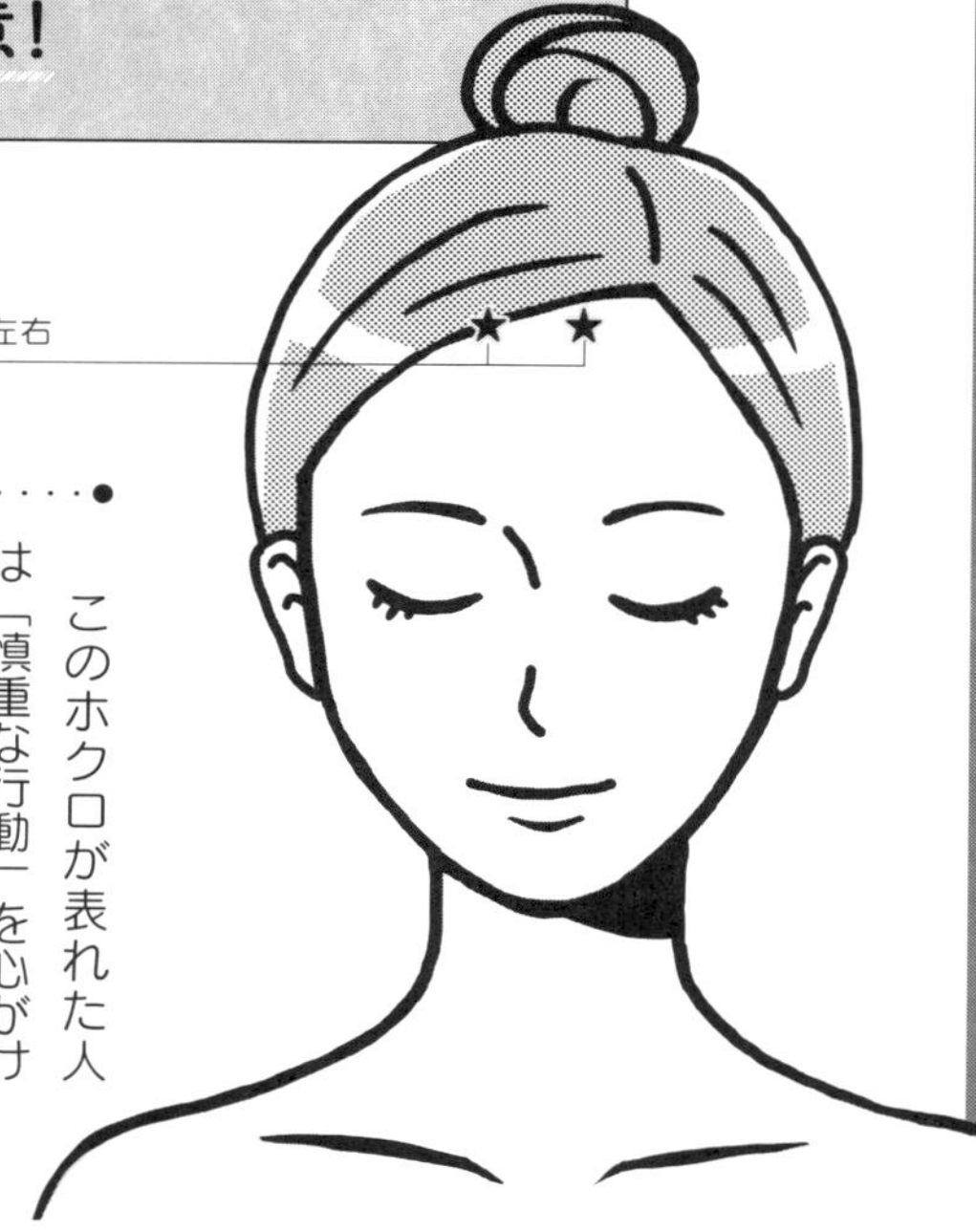

このホクロが表れた人は「慎重な行動」を心がけてください。思いもがけぬことによって、普通の人より不運な目に遭いやすい運勢があるからです！

このホクロを持つ有名人が沢尻エリカさんです。普段は目立ちませんが、沢尻さんには右側にこのホクロがあります。沢尻さんといえば、やはり忘れられないのが、映画の舞台挨拶でのたった一言からの大バッシング。あの一件によって、しばらくの間、華やかな舞台から遠ざかってしまいました。

　みのもんたさんもこのホクロを持っています。息子さんの不祥事から、長年務めていた情報番組を降板することに……。

　お二人の例のように、ひょんなことからトラブルに巻き込まれてしまうことがあるのです。そのため、このホクロを持つ人は、常日頃から「自分は人よりトラブルに巻き込まれやすいので気をつけよう！」と頭に入れておくことが大事になってきます。
　とはいえ、「私は不運な人間なんだ……」と悲観的になる必要はありません！　思い込みの力はとても強いので、本当に不運な人生を送ってしまうことになります。このホクロが表れた人は、むしろ「ラッキー！」だと思ってください。何ごとにも「石橋を叩いて渡る」の精神を持っていれば、不運を回避できるのです。このホクロが「生きボクロ」であれば、まさに「災い転じて福となす」で、危険を予知しながらの行動がプラスのこととして必ず返ってくるでしょう。たとえ、不運な目にあったとしても、その経験が自分の成長に必ずつながるはずです。

このホクロが「死にボクロ」だと、不運な目にあった場合、自分の成長に繋がらず、マイナスのままで終わってしまうことになる可能性が高いので、注意してください！　「転ばぬ先の杖」で、トラブルを回避しましょう！

★「トラブルボクロ」を持つ**有名人**★

沢尻エリカさん、みのもんたさん、
平成ノブシコブシ・徳井健太さん、小倉智昭さん、
田代まさしさん

### 「トラブルボクロ」を持つ人**あるある**

- おサイフをよく落とす
- 女子のいざこざによく巻き込まれる
- 買ったばかりの自転車をパクられた！
- 江ノ島でちくわドッグを買ったら、トンビに取られた！
- 頼んだラーメンに、おばちゃんの指が浸かっていた！

# 03 まおちゃんボクロ

## 海外で大活躍する可能性あり!

額の脇

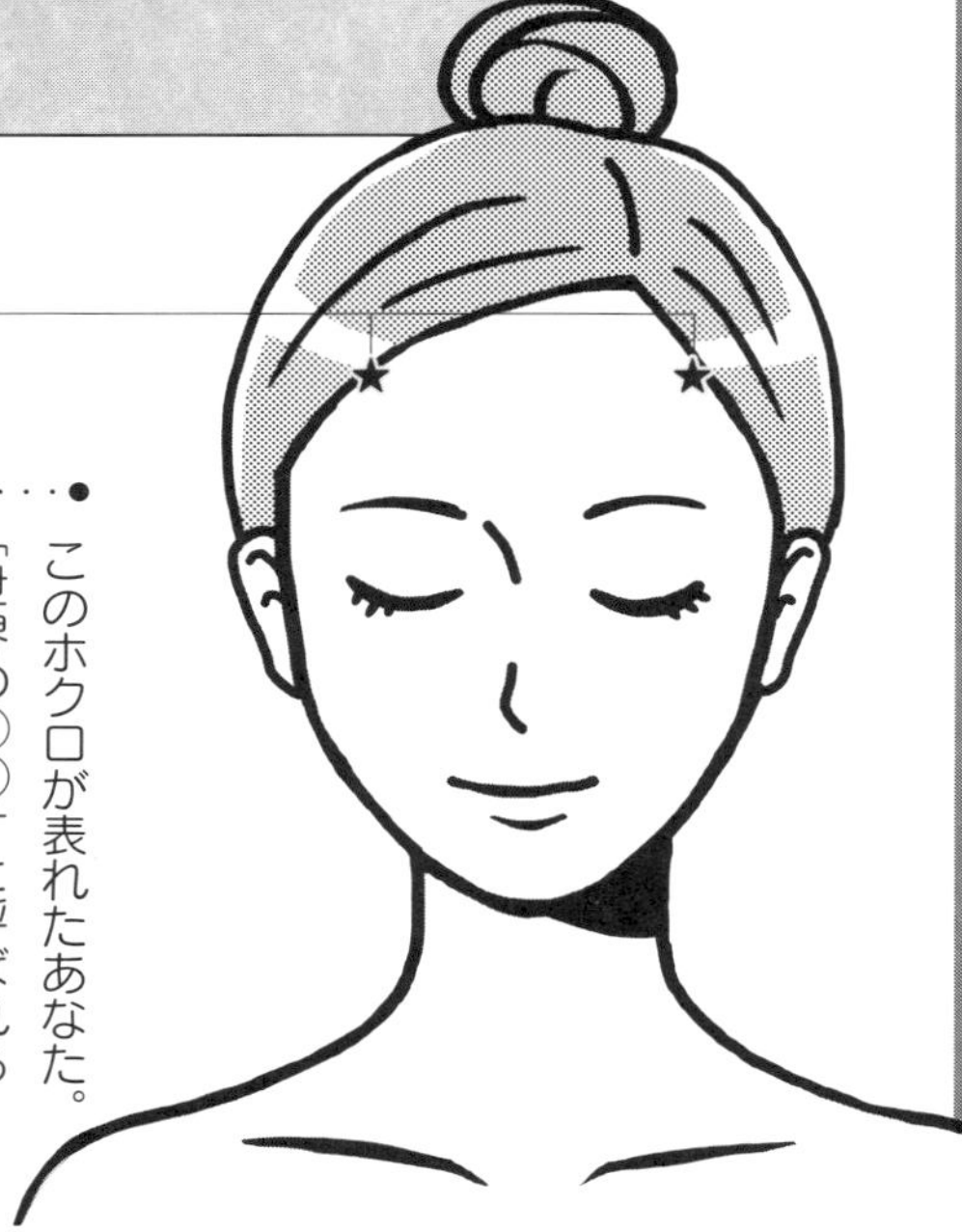

このホクロが表れたあなた。「世界の○○」と呼ばれる日が来るかもしれません! このホクロは旅行先、転居先、出張先で幸運が待っていることを表しています。

このホクロを持っている有名人を挙げると、フィギュアスケート・浅田真央選手、サッカー日本代表・香川真司選手、プロゴルファー・宮里藍選手などなど、世界を股にかけて活躍、成功を収めている方ばかりなのです。「海外成功ボクロ」といえるでしょう。

ですから、このホクロをお持ちの方は、一ヵ所に留まらず、実家から離れていろいろな経験をしてください。きっと大きな幸運があなたを待っているはずです!

歌舞伎役者の中村獅童さんもこのホクロをお持ちなので、海外公演などを行えば、大成功されるのではないでしょうか?

このホクロが「死にボクロ」だ

と、逆の意味になってしまいます。旅行先、転居先、出張先などで、自分にとってマイナスの出来事がおこるかもしれません。この場合は、トラブルを防ぐために、事前の準備を怠らないように心がけてください。

ぼくが占った方で、このホクロを持っていたのはキャイ〜ン・天野ひろゆきさんです。普段は髪の毛に隠れて見えませんが、このホクロがしっかりと表れていました。ホクロの意味を伝えると、「実は今の奥さんと会ったのは、地方のローカル番組の共演がきっかけだったんだよ！」とおっしゃられていました。天野さんの例のように「まおちゃんボクロ」は仕事だけではなく、恋愛の幸運もつかめるのです！　天野さんがおでこが見える髪型だったら、ご結婚がもっと早かったかも⁉

★「まおちゃんボクロ」を持つ有名人★

浅田真央選手、宮里藍選手、香川真司選手、中村獅童さん、キャイ〜ン・天野ひろゆきさん

### 「まおちゃんボクロ」を持つ人**あるある**

- 地理や歴史の授業が好き
- 放浪癖の持ち主
- 駅弁が好物だ！
- 英語ができなくても、外国人とノリで会話することができる
- 旅番組を見ていて、いいな……と思って、気が付いたらそこに来ていた！

## 04 へんじんボクロ

### 常人では思いもよらぬ発想、行動する人！

このホクロが表れた人は、人とは異なる価値観、判断基準を持ち、思いもよらない発想で人を驚かせます。強烈な個性の持ち主、つまり「へんじん」です！

　このホクロを持つ人は安定より変化を好むので、周囲の人から「変わっているね～」と言われる人です。

　独特の世界観を持っていますので、芸能界や芸術に関わることに向いているホクロと言えるでしょう。このホクロは「他人と違うことが成功につながる」というメッセージなのです。

　このホクロを持つ有名人が本田圭佑選手です。両腕に時計をつけている理由を聞かれて、「ボディバランスを保つため」と発言した本田選手……明らかに変わり者です！　ご本人も、小さい頃から誰に何をいわれても自分の考えを実行し、「ずっと俺は変人扱いされてきた」と語っています。しかし、ずっと自分を貫いてきたからこそ、成功も収めたのです。本田圭佑選手の例からも分かる様に、このホクロが表れたあなたは他人に否定される事を怖れてはいけません。人は人、自分は自分なのです。ゴーイングマイウェイの精神が成功の秘訣と言えるでしょう。ただし、自分の意見を伝える時は相手に思いやりのある言い方で!

このホクロを持つ人の恋愛傾向として、刺激を欲しがります。いつもドキドキしていたい、マンネリなんてもってのほか。ベッドの上ではアブノーマルなことも望んでいるはず……はっきり言ってしまうと「へんたい」の可能性ありです!

このホクロが「死にボクロ」の場合は、思いもよらぬ発想、行動が悪い方向に進み、「KYなやつ……」と思われてしまうこともありますので、気をつけましょう!

★「へんじんボクロ」を持つ有名人★

本田圭佑選手、吉高由里子さん、嵐・大野智さん、菅直人元総理大臣、ジョン・レノンさん

**「へんじんボクロ」を持つ人あるある**

- 変なあだ名をつけられる
- 周囲から「血液型B型でしょ?」とよくいわれる
- 異性の好みが「デブ専」「B専」とよく言われる
- 喫茶店で、みんながコーヒーだけしか頼まなくても、自分はナポリタンを食べる
- カラオケでみんなが知らないメタルの歌を熱唱!

# 05 朝ドラボクロ

## 強運の持ち主。しかし、人生は波乱万丈！

　このホクロが表れた人は強運の持ち主です。しかし、好調な時は良いのですが、不調な時は運気が大きく落ち込みやすくなります。まるで「朝ドラ」のヒロインのような、浮き沈みの激しい人生を送る運勢です。

　このホクロを持つ有名人が、スキージャンププレーヤーの葛西紀明選手です。10歳からスキーを始め、高校１年生で、スキージャンプW杯に出場。当時、16歳６ヵ月のW杯出場は史上最年少記録でした。冬季オリンピックには１９９２年のアルベールビル大会に初出場。１９９８年、日本で開催された長野大会は、日本選手はメダルラッシュとなりましたが、葛西選手は代表メンバーから外されてしまいます。しかし、その後は２０１４年ソチ大会まで、冬季オリンピックに７回連続出場。ソチ大会では個人では銀メダル、団体も銅メダルに導く大活躍！40

歳を越えても現役選手であり続け、世界大会で数々の記録を残し、世界中から「レジェンド!」と讃えられるまでに。そして、そもそも葛西選手がオリンピックに出続けるのは、難病を抱えた妹さんのために「金メダルを!」という想いからでした。まさに劇的!な人生を送られています。

このホクロは、生まれ持った運の強さが助けてくれるので、不調な時であっても「力を蓄える時期」と受け止め耐えてください。このホクロを持つ人にとって、「ピンチはチャンス!」です。つらく苦しい状況であっても、一発逆転満塁ホームランが打てるように、打席がまわってきた時の準備をしておきましょう!

このホクロが「死にボクロ」だと、不調な時が長く、浮き沈みがさらに激しくなる可能性があるので、注意してください。

★「朝ドラボクロ」を持つ有名人★

葛西紀明選手、有吉弘行さん、福沢諭吉さん、長州力さん、石井慧選手

## 「朝ドラボクロ」を持つ人**あるある**

- 座右の銘は「人生山あり谷あり」
- 転んでもただでは起き上がらない性格
- 料金が払えず、電気、ガス、水道が止まった経験がある
- かと思えば、秒速で1億円稼いだ経験がある
- かと思えば、ホームレスの経験がある。またはホームレスだ!

## 06 フレンドボクロ

### すばらしい友人関係に恵まれる!

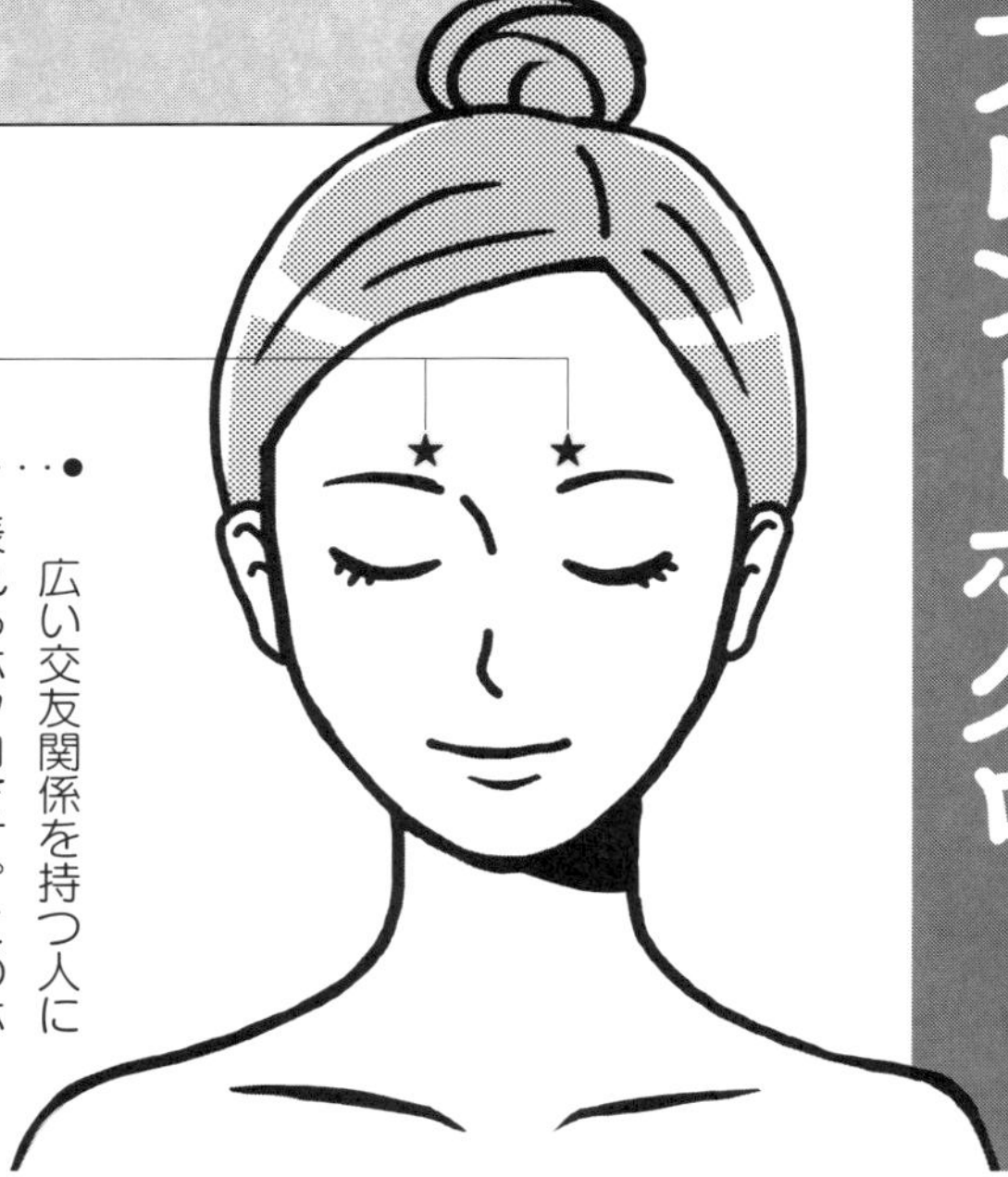


広い交友関係を持つ人に表れるホクロです。このホクロを持つ人は友人、知人、同業者などに支えられ、助けてもらえる運勢を持っています。

このホクロが表れた方は、仕事や恋愛など、悩みごとがあれば、なんでも友達に打ち明けることをオススメします。友達が悩み解決のヒントをくれるはずです。

このホクロを持つ有名人が、桐谷健太さんです。井筒和幸監督は「健太は人懐っこい。お世辞じゃなく人柄の魅力が人一倍大きい」と評価しています。某携帯電話のCMを見ているだけで、人柄の良さが伝わってきませんか？　桐谷さんの活躍は、まさに人柄によって生まれた広い交友関係のたまものでしょう。

そして、小池徹平さんです。小池さんが上京し、初めての友達が「WaT」を結成するウエンツ瑛士さん。小池さんはウエンツさんのことを「人生のパートナー」「ウエンツとは言葉はいらない」とまで言われています。WaTは解散してしまいましたが、いまでもとても仲が良いそうです。小池さんには「33・ライバルボクロ」も表れています。ウエンツさんとは良きパートナーであり、ライバルであったのではないでしょうか。

古田新太さんにもこのホクロがあります。古田さんは無類の酒好きで、どんな現場で何時に終わろうとも、とりあえず一杯ひっかけて帰るので365日飲んでいるとか。男女問わず、共演者の方々を「飲みに行こうぜ」と誘い、バカ話でお酒を飲む事で疲れた身体をクールダウン出来るそうです。飲み友達が増えることで、さらに仕事の輪を広げていっているのでしょう。

このホクロが「死にボクロ」だと、友達に迷惑をかけられたり、仲間外れにされたりする可能性があるので、注意してください。

★「フレンドボクロ」を持つ有名人★

桐谷健太さん、小池徹平さん、
古田新太さん、窪塚洋介さん、西加奈子さん

**「フレンドボクロ」を持つ人あるある**

- 毎年、誕生日は友達が祝ってくれる
- ラインの友達が50,000人いる
- 入院すると、友達が千羽鶴を持ってきてくれた
- バカみたいに友達とBBQをする！
- クリスマスも友達とBBQをした！

# 07 ゴージャスボクロ

## 財運があっても散在しちゃう浪費家！

　このホクロは、財運がありますがお金が入ってきてもすぐに出ていってしまう人に表れます。

　お金があればあるだけ使ってしまう浪費グセのある人です。金は天下の回りもの精神で欲しいものがあれば、我慢せずに買ってしまいますし、気前よくおごることも多々あります。

　このホクロが表れた方は、「この出費は本当に必要なのか？　その場の欲求を満たす為では無いか？」と自問自答する事が大切です。ギャンブルや投資にも、注意した方が良いですし、大金を持ち歩かないことをおすすめします。ですが、全て節約をしろという訳ではありません。このホクロが「生きボクロ」であれば、浪費しても、それが「生きたお金」となる事が多く、何かしらの形で自分に返ってくる事を表すからです。

　「自分のプラスになる事にお金を

使いましょう」がホクロのメッセージなのです。

このホクロを持つ有名人がアンジェリーナ・ジョリーさんです。ジョリーさんは、ブラッド・ピットさんとまだ離婚される前、6人の子供たちと8人のお手伝いさんを連れて、一泊180万円のバカンスに行ったという報道がありました。現在、子供たちはフランスのお城に住んでいるというウワサも!?　とはいえ、ジョリーさんはただ浪費グセがあるわけではありません。慈善事業にも多くのお金を使われていらっしゃいます。ジョリーさんは「生きボクロ」なので、何かしらの形で必ず返ってくるでしょう。

このホクロが「死にボクロ」だと、単なる「ムダ金」となることが多いので、くれぐれも注意してください。

★「ゴージャスボクロ」を持つ有名人★

アンジェリーナ・ジョリーさん、
ジョニー・デップさん、出川哲朗さん、
北大路欣也さん、森脇健児さん

**「ゴージャスボクロ」を持つ人あるある**

- ギャンブルは勝つまでやる!　勝っても止めない!
- 何にお金を使ったのか覚えていない……
- クレジットカードの請求額を見て驚愕したことがある
- ストレス発散は Amazon での買い物
- 実は島を持っている

神様が
送ってくれた才能！

# 08 神ボクロ

珍しいプレミアムボクロの一つで、このホクロを持つ人は滅多にいません。頭脳明晰な切れ者や、後世に名を残す人物、偉大な作品を残す芸術家に表れるホクロです。このホクロがあったあなたは、いわゆる「天才！」です。

眉の中にあって、小さく色が濃いホクロです。このホクロは、プレミアムボクロなので、「死にボクロ」はありません。

しかし、「眉の中にホクロがあった！」というだけで喜ばないでください。眉にかかっているだけや、ホクロが大き過ぎる、色が薄いと意味は変わってしまいます。その場合は、身内に負担をかけたり、かけられたりする「身内トラブルボクロ」になります。少しの差で意味は大きく変わってしまうのです。「神ボクロ」だけに、まさに「紙一重」なのです。探すときは慎重に探しましょう。

このホクロを持つ有名人が羽生

結弦選手です。２０１４年・ソチオリンピック男子シングル金メダル、２０１４年世界選手権優勝、グランプリファイナル４連覇などなど、打ち立てた記録は数え切れません。

羽生選手の魅力は、記録よりも人を魅了してやまないパフォーマンスでしょう。羽生選手は、神様がくれた才能を見事に開かせています。羽生選手がスケートを始めたきっかけは、喘息を治すためだったとか。その後、友達と遊びたい時にもスケートだけにのめりこんできたといいます。羽生選手の才能が開花したのも努力の賜物なのです。

だから、「神ボクロがあった！」からといっても、ただ喜ばないでいてください。ホクロはあくまでも「メッセージ」です。神さまからいただいた才能も、努力しなければ開花しません！

★「神ボクロ」を持つ有名人★

羽生結弦選手、黒澤明監督

**「神ボクロ」を持つ人あるある**

- 絶対音感を持っている
- 教科書を丸暗記できる
- ルービックキューブや知恵の輪、パズルが一瞬でできる
- オーラが見える
- 初めてしゃべった言葉は「天上天下唯我独尊」だった！

## 09 レガシーボクロ

### 身内から遺産を受け継ぐ

　このホクロが表れる人は、「身内から遺産を受け継ぐ」という運勢を持っています。遺産といっても、財産なのか、家屋や土地なのかは断定できませんが、何かを受け継ぐことが多いようです。このホクロが生きボクロであれば自分にプラスに働く遺産を受け継ぐでしょう。今のうちに遺産相続の知識を身につけることをオススメします。

　このホクロを持つ人で「うちには遺産なんかない！」と思っていられる方。もしかすると、親御さんが財産を隠しているだけかも!?

　このホクロを持つ有名人がとんねるず・木梨憲武さんです。実家が自転車屋さんなのは有名な話ですが、いずれ家業を継ぐことに!?

　そして、小泉進次郎議員です。お父様は元内閣総理大臣・小泉純

一郎氏で、お爺さまの純也氏も衆議院議員の政治家家系です。

　元メジャーリーガー・松井秀喜さんもこのホクロがあります。松井さんのお父さんは宗教家ですが、松井さんはプロ野球の道に進み、後を継いでいないだろうと思われるかもしれません。松井選手は人の悪口は言わない、どんな人にでも真摯に対応することで、野球界では「松井選手ほど素晴らしい人はいない！」と言われているそうです。松井選手は、子供の頃にお父さんから贈られた言葉「努力できることが才能である」を座右の銘として生きてきたそうです。松井選手は「言葉」という素晴らしい「財産」を受け継いだのです。受け継ぐものは、決して財産だけではないのです。

　このホクロが「死にボクロ」だと、借金など負の遺産を相続してしまう可能性があります。また、何かのトラブルで遺産相続ができなかったり、遺産争いに巻き込まれたりする可能性もあるので、ご注意ください！

★「レガシーボクロ」を持つ**有名人**★

松井秀喜さん、とんねるず・木梨憲武さん、
伊藤博文さん、小泉進次郎議員、
里田まいさん

### 「レガシーボクロ」を持つ人**あるある**

- 親が駐車場やマンションを経営している
- 彼氏がおぼっちゃま、御曹司である！
- 親が温泉を掘り当てた
- 親が石油を掘り当てた
- 親が徳川埋蔵金のありかを知っているらしい

# 10 奥手ボクロ

## 慎重で人間関係が不器用な人

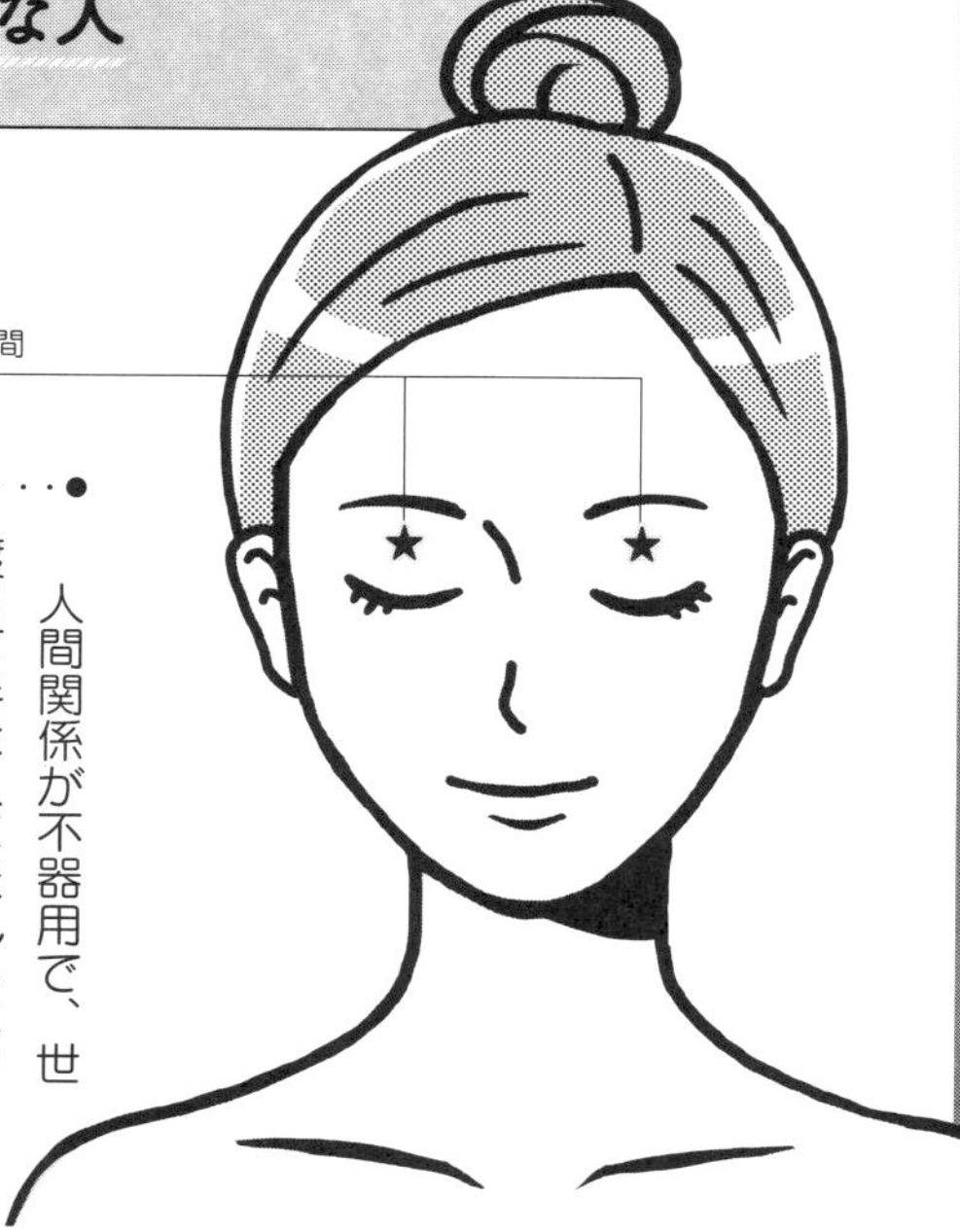

眉の真ん中と目の間

人間関係が不器用で、世渡り下手な人に表れるホクロです。このホクロがあるあなたは、奥手で、最初の一歩がなかなか踏み出せないのでは？　あなたは慎重で気配りのできる人なのですが、いろいろと考え過ぎてしまう人なのです。

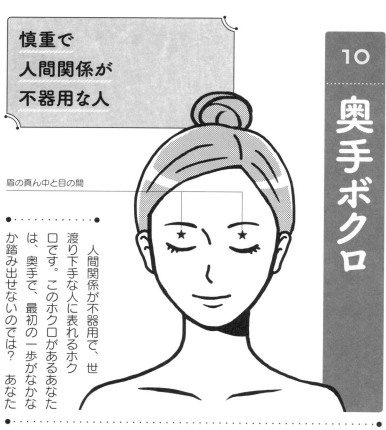

しかし、このホクロは「気にしすぎ、心配しすぎに注意して！」というメッセージです。「傷つきたくない」と言う気持ちが強い人や本当の自分をなかなか表に出すことができない人に多く見られます！　開運するためには、コミュニケーション能力の高い人をパートナーや友人にすることをおすすめします！　きっとあなたに足りない部分を補ってくれるでしょう。

このホクロを持つ有名人が松坂桃李さんです。松坂さんは、小学生の時には、名前に「桃」が入っているという理由でイジメに遭っていたといい、それから自分の感情をできるだけ抑えて、イジメから身を守っていたそうです。友達も多くなく、そのため今でも一人で映画館やカラオケ、焼肉に行くのも、全く抵抗がないとおっしゃっています。

「内向的な人がどうして芸能界で成功するの？」と思う方も多いのでは？　それは、松坂さんには芸能界に向いている「20・タレントボクロ」もあるからです。奥手ボクロが意味するように、年齢の割にとても落ち着いた雰囲気を持ち、謙虚にみえる松坂さん。奥手ボクロとタレントボクロがよい相乗効果を果たしているのです。

ホクロが「生きボクロ」であれば、慎重で気配りが出来るところがプラスに働きますが、このホクロが「死にボクロ」だと、あまりにも考えすぎて、精神を病んでしまう恐れがあるので、注意してください。

★「奥手ボクロ」を持つ**有名人**★

松坂桃李さん、浜口京子さん、
バナナマン・日村勇紀さん、
バイきんぐ・西村瑞樹さん

「奥手ボクロ」を持つ人**あるある**

- 美容室では話しかけられたくない
- 一人になったときが一番心が落ち着く
- 自動的に愛想笑いをしている
- 電車で足を踏まれても何も言えない
- カラオケボックスで歌っている最中に店員さんが来ると、歌うのを中断してしまう

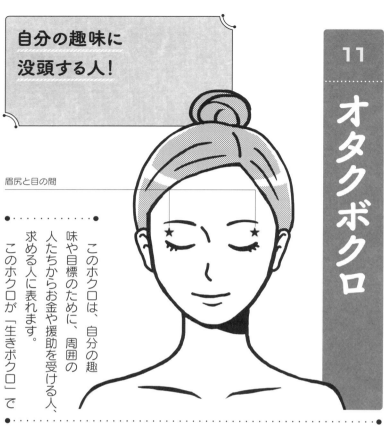

# 11 オタクボクロ

## 自分の趣味に没頭する人！

このホクロは、自分の趣味や目標のために、周囲の人たちからお金や援助を受ける人、求める人に表れます。

このホクロが「生きボクロ」であれば、援助を受けるのは一時的で、その後しっかり返済できる、恩返しできることを意味します。そして、趣味や目標に没頭した分、『芸は身を助ける』ように趣味や目標だったものが自分の長所になるでしょう。

このホクロを持つ有名人が葉加瀬太郎さんです。葉加瀬さんといえば、みなさんが思い浮かべるのは『情熱大陸』のテーマではないでしょうか？　葉加瀬さんは、ソロデビューされる以前、クライズラー＆カンパニーという知る人ぞ知るバンドを組まれていました。そんな葉加瀬さんにゾッコンだったのが、奥様となる髙田万由子さんです。お友達の勧めで、クライズラー＆カンパニーの演奏を観て感動した髙田さんは、葉加瀬さんが東京藝術大学の学生だと突き止めると、自らアプローチ！　髙田さんのご実家は明治時代から続く旧家で、まだ知名度の低かった葉加瀬さんとのおつきあいを大反対されたとか。それでも、髙田さんは葉加瀬さんのことを「世界的に有名になる！」とバックアップ。東大生タレントとして人気だった髙田さんが『笑っていいとも！』に出演した際には、お友達として紹介したことも。世界的バイオリニスト・葉加瀬さんの才能を知らしめたのは、奥様の支えがあってのものだったといえるでしょう。

　しかし、このホクロが「死にボクロ」だと、そのものズバリ、ただの「すねかじり」です！　援助を無駄に使って、いつまでも援助を求め続ける可能性があるので、注意してください！

★「オタクボクロ」を持つ有名人★

葉加瀬太郎さん、尾田栄一郎さん、
小栗旬さん、戸田恵梨香さん、
ももいろクローバーZ・百田夏菜子さん

**「オタクボクロ」を持つ人あるある**

- 一人暮らしの勇気がなく、ずっと実家暮らし
- 社会人になっても親から仕送りをもらっている
- 恋人のヒモになっている
- アイドルグループのコンサートに行くために仕事をサボる
- 「カブトムシ部屋」など、趣味だけのための部屋がある

# 12 すきま風ボクロ

## パートナーと心のズレに要注意！

目尻と髪の毛の生え際の間

このホクロが表れる人は、恋人や結婚相手との心のズレが生じやすく、パートナーとの関係では思い通りにことが進まない……という運勢を持っています。

しかし、決してパートナー運が悪いわけではありません。「自分から関係を修復して、より深い絆を築くこと」が、ホクロからのメッセージなのです。心が離れたり、冷たい間柄になったりした時に、「自己中心的な態度になっていないか」、「相手への思いやりのある言動、行動がきちんとできているか」と自問自答してみてください。このような行動を心がければ、運勢はプラスに働きます。

　また、恋人や結婚相手だけではなく、それと同じくらい時間を共にしている仕事のパートナーにも当てはまるので、注意してください！　恋人や結婚相手がいないフリーの方は、良い意味で隙があることのアピールになるので、恋人募集中の方は髪をかき上げて人の目に映るようにするといいでしょう。このホクロを持つ有名人が蒼井優さんです。蒼井さんも、現在を代表するホクロ美人の一人です。蒼井さんといえば、たくさんの男性とウワサになり、「恋多き女性」のイメージがあるのではないでしょうか？　蒼井さんには、このホクロのほかにとても目立つ右目の下にある「17・かまちょボクロ」があります。すきま風が吹いても、すぐに新しいパートナーが現れる……。そのために「恋多き女性」になってしまうのかもしれませんね。とはいえ、どちらも「生きボクロ」なので、恋愛遍歴が女優としてのキャリアにプラスされているのかもしれません。

このホクロが「死にボクロ」だと、一度、心のズレが生じたら、そのままズレっぱなしで、大きなトラブルになる可能性があるので、注意してください！

★「すきま風ボクロ」を持つ**有名人**★

蒼井優さん、マギーさん、
オリエンタルラジオ・藤森慎吾さん、
嵐・相葉雅紀さん、松嶋菜々子さん

### 「すきま風ボクロ」を持つ人**あるある**

- 恋人から「重たい」とか「一緒にいて疲れる」とよく言われる
- スキンシップをしようとしたら避けられた
- 旦那の臭いが気になる
- 元彼の Facebook を探している自分がいた
- 彼氏がほかの女性のお尻ばかり見ている

# 13 ゲスボクロ

## 手当たり次第に異性に手を出ちゃう!? ゲスな人

このホクロは性欲が強く、性に自由奔放な人に表れます。情にもろく、溺れやすいため、手当たり次第にたくさんの異性と付き合って、Hに没頭してしまう危険性があります！

さあ、いますぐ、彼氏や好きな人の眼球に「ゲスボクロ」があるかチェックしましょう！「ゲスボクロ」がある人と恋人になると、いろいろと心配ごとが多いかもしれません！

ホクロの位置が、目頭に近いと積極的、目尻に近いと消極的であることを表しています。

このホクロを持つ人は「異性と二人きり」＝「Hする！」という極端な考えを持つタイプの人ですので、男女トラブルには気をつけてください！

　このホクロを持つ有名人が指原莉乃さんです。もはや、自分でもネタにしていますが、週刊文春に元彼から交際を暴露された事件は、みなさんも記憶に残っていると思います。その時の記事が「指原莉乃は超肉食系でした」です。指原さんのホクロは眼球の目頭側にありますので、意味は「積極的」になります……ということは、このホクロの意味そのまま！　……なのですが、真偽のほどはわかりません！

　このホクロが「死にボクロ」だと、Hした相手と取り返しのつかないことになる可能性があります！　どんなことになるのかは……ご想像にお任せしますが、くれぐれも注意してください！

★「ゲスボクロ」を持つ有名人★

HKT48・指原莉乃さん、
フットボールアワー・後藤輝基さん

**「ゲスボクロ」を持つ人あるある**

- 「男女の友情はありえない！」と思っている
- 下ネタに興味がないフリをする
- Hした人の数がもうわからないが、経験人数は3人と言い張る！
- 朝起きたら、隣に知らない男が寝ていたことがある！
- とりあえず、テキーラで乾杯！

# 14 浮気ボクロ

## 二股、三股は当たり前の浮気者！

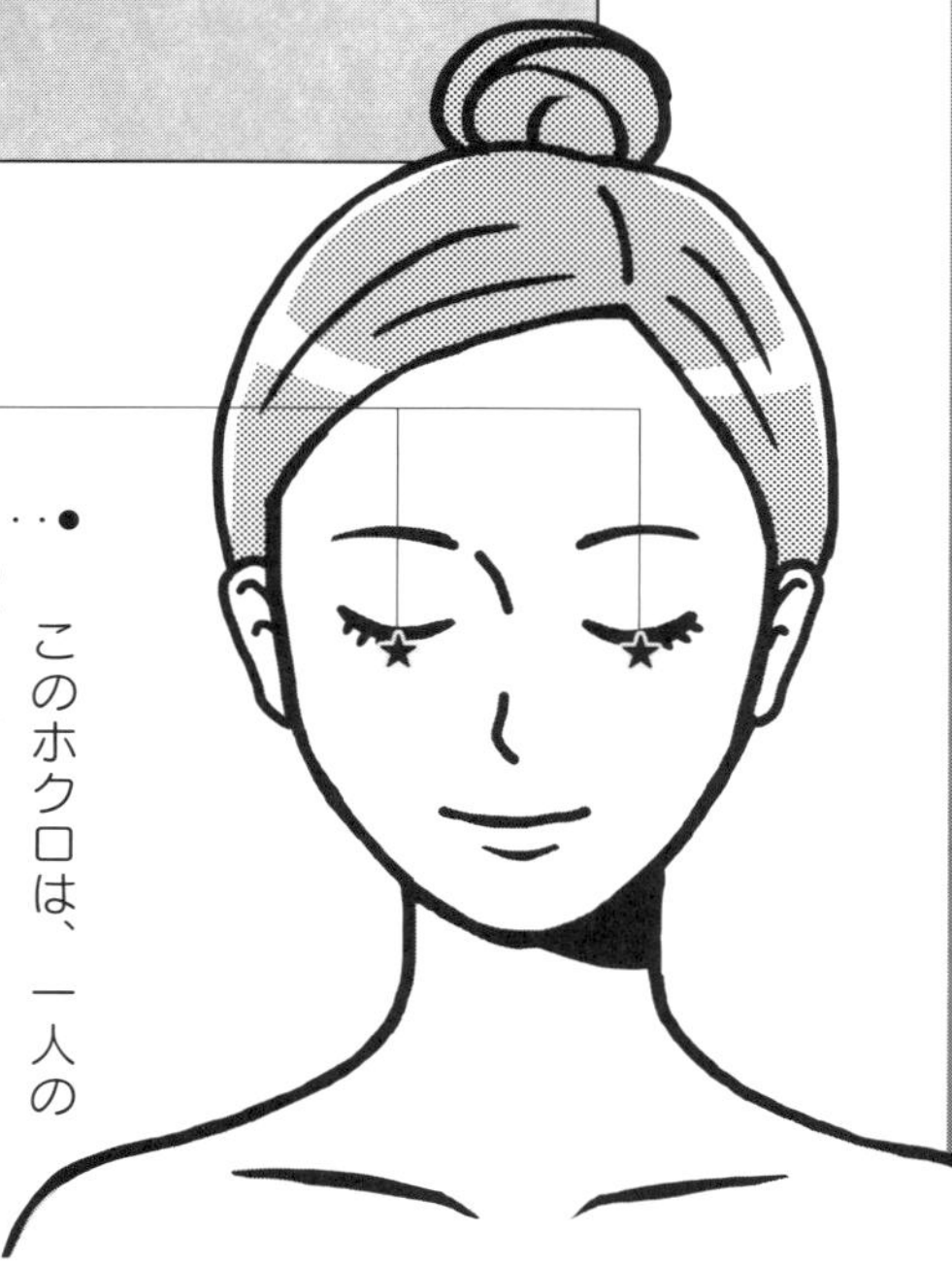


　このホクロは、一人のパートナーでは満足できず、複数の相手と関係を持ってしまう、浮気性のある人に表れます。自分の周りに、何人もの異性を置いておきたい人です。恋人に会えない時は、別の異性を探し出し何の悪気もなく関係を持とうとします。なので遠距離恋愛は不向きな人といえるでしょう。

　好きになってしまった人に、このホクロがあったら、念のため、他に彼女がいないか、調査することをオススメします！　ただし、二股経験豊富な人なので、見破るのは難しいかもしれません！

　このホクロを持っている有名人が、ウーマンラッシュアワー・村本大輔さんです。みなさんも「ファンに手を出すゲスい芸人」というイメージがあるのではないでしょうか？　さすが座右の銘が「ワンナイトラブ」というだけあります！　しかし、ファンの女性から執拗につきまとわれたストーカー被害の一件以来、「あれはキャラクターだった!」と語っていましたが……真相はどちらなのでしょう?

「十二股している」と話題になったマイケル富岡さんもこのホクロをお持ちです。それも、定期的にあっている彼女だけで12人、不定期で会う人も数十人もいて、彼女達を『マイケルJAPAN』と称し、マイケルさんが監督しているんだとか。マイケルさんは「同時に複数の女性を愛するなら、隠し事や順位付けを一切にない事」「僕の部屋にはクラブチーム12人全員の歯ブラシが並んでいる」「体が三つ欲しい」という名言も残されています。ここまで断言されたら、女の子同士でモメないのかも!?

このホクロが「死にボクロ」だと、恋人や二股相手に浮気がバレて、修羅場になる可能性が高いので、気をつけてください!

★「浮気ボクロ」を持つ**有名人**★

ウーマンラッシュアワー・村本大輔さん、
マイケル富岡さん

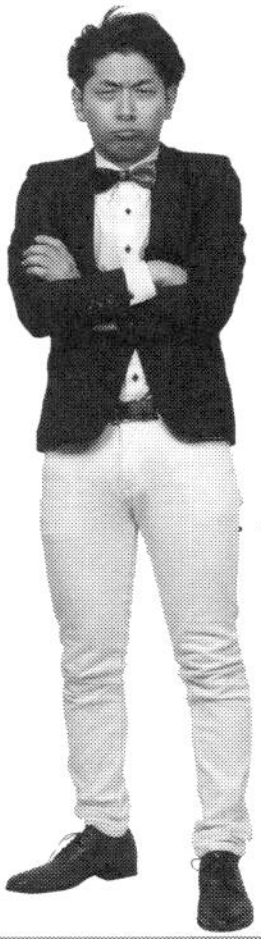

「浮気ボクロ」を持つ人**あるある**

- 携帯を二台以上持っている
- 彼氏がいるのに「いないよ!」とあっさり言える
- 電話がなっていても出ないことがある
- スマホを風呂場にまで持っていく
- 付き合っている男性全員に、「にゃ〜ちゃん!」など、同じあだ名をつけて呼んでいる

# 15 カリスマボクロ

## 困難に立ち向かい、成し遂げる人！

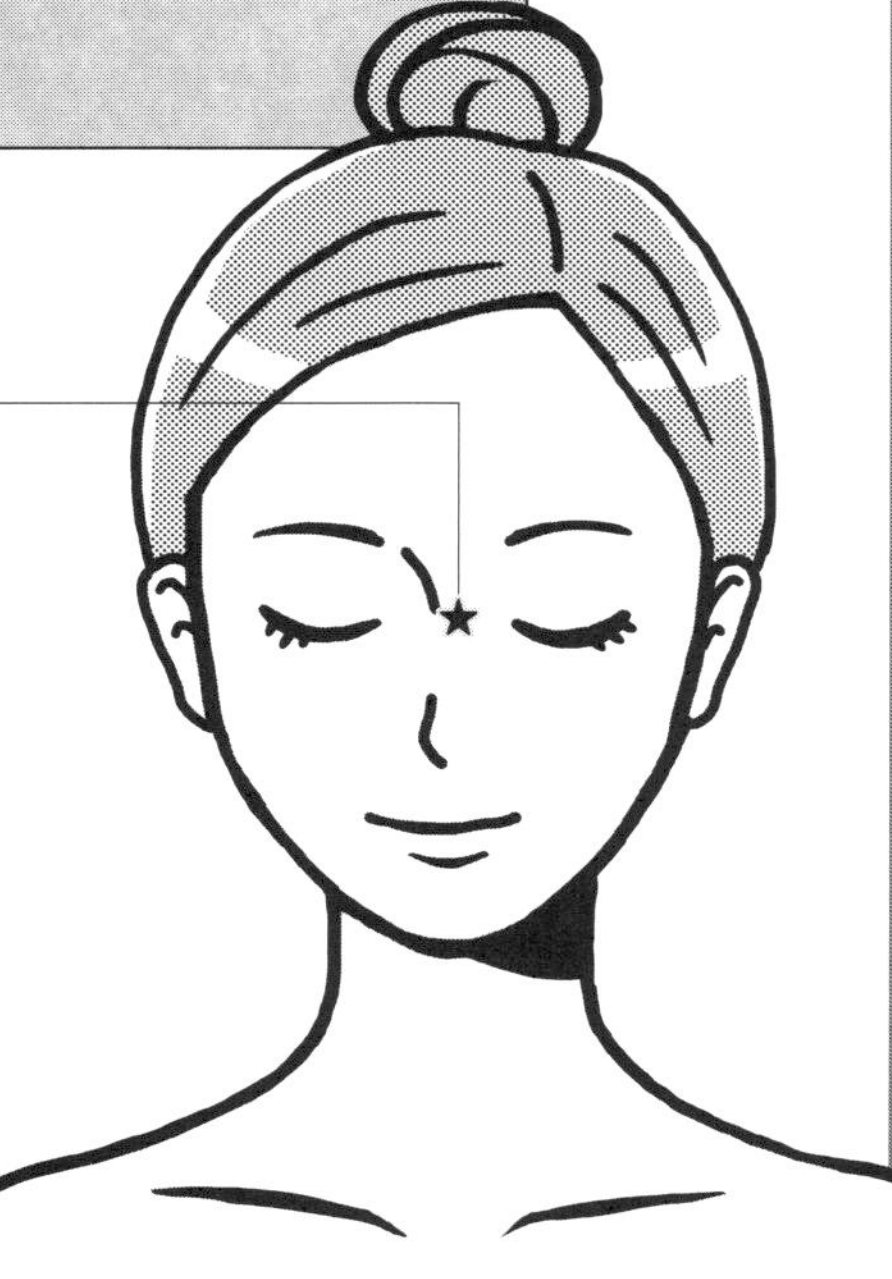


　このホクロが表れる人は、大きな責任を抱え、人生の困難に立ち向かわなければならない運勢を持っています。それは、本人にとっては全く望んでいないことかもしれません。仕事での責任なのかもしれません。家庭での責任なのかもしれません。長くて辛い責任なのかもしれません。しかし、「あなただから乗り越えられる」からこそ、与えられた運勢なのです。そして、課せられた責任を果たす事で、幸運が訪れます。

　なにか責任あることを任された時、それを乗り越えれば、大きなリターンがあるので、辛抱強く立ち向かってください。きっと「カリスマ」と周囲の注目を集めるでしょう。

　このホクロを持っている有名人が、タモリさんです。サングラスに隠れて見えませんが、ぼくが『笑っていいとも！』に出演した時に、確認させていただいたことがあります。番組開始当初のタモリさんは、独特の芸風から「深夜番組的」といわれていて、半年くらいで終わるだろうと予想されていたといいます。しかし、『笑っていいとも！』は32年間も続き、まさしく「お昼の顔」になられました。『笑っていいとも！』は「生放送バラエティー番組放送回数最多記録」、タモリさんは「生放送番組単独司会最多記録」で、ギネス認定されました。この大記録が破られることは、当分の間はないのではないでしょうか？　多くの芸能人から慕われるタモリさんを表す言葉に、「カリスマ」以外の言葉は見つかりません！

このホクロが「死にボクロ」だと、責任を果たした後のリターンが少なかったり、ただ責任を押し付けられるだけだったりする恐れがあるので、注意してください。

★「カリスマボクロ」を持つ有名人★

タモリさん、新庄剛志さん、武田鉄矢さん、ももいろクローバーZ・百田夏菜子さん、ゲスの極み乙女・川谷絵音さん

### 「カリスマボクロ」を持つ人**あるある**

- 人と話すときは、相手の目をじっと見る
- 弱音や不安を口にしない
- 学生時代は、皆が嫌がるトイレ掃除をやっていた
- 「弟子にしてください！」と土下座されたことがある
- 後光がさしている

## 16

# ラブラブボクロ

**恋愛、結婚、いつでもラブラブ！**

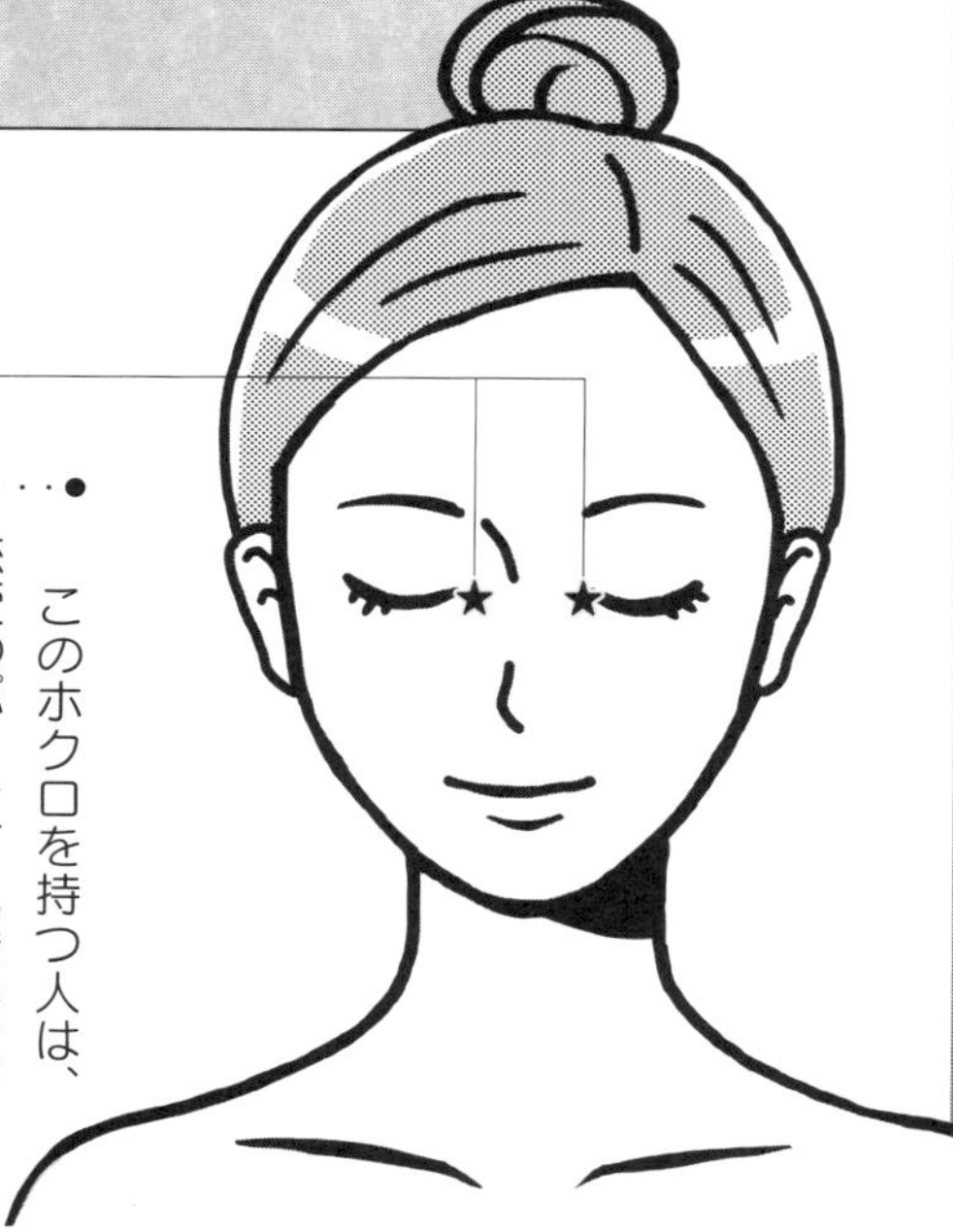

目頭

このホクロを持つ人は、恋愛のパートナー運に恵まれます。一緒にいていつでも楽しく、信頼できるパートナーが見つかり、周りの人たちから羨ましがられるでしょう。もちろん、結婚してからも夫婦円満になれます。

このホクロを持っている有名人が、バナナマン・日村勇紀さんです。日村さんといえば、フリーアナウンサー・神田愛花さんと熱愛が報じられました。日村さんを愛してやまない神田さんは、「温厚そうで優しい雰囲気ですが、厳しくてしっかりしている人。梅雨の季節には湿ってきて、足のニオイもでてきたけど、そういうのも含めて全部好きです」とまでいってのけます。周りが引くくらいラブラブです。神田さんも神田さんで、「ハンカチは一切持ち歩いたことがない」そうで、トイレの後も手を洗われないんだとか……。鼻をかんだティッシュを乾燥させて、再び使ったことがあるという発言も。似たもの同士（？）のカップルだからこそ、ラブラブなのでしょう。お二人が結婚されたら、人も羨むご夫婦になられるのではないでしょうか。

　あべこうじさんと結婚された元モーニング娘。の高橋愛さんもこのホクロをお持ちです。高橋愛さんの猛アプローチで交際されたそうですが、離婚の危機について聞かれた高橋愛さんは「1回もない！　一生ない！　永遠にない！　生きている限りない！」と言い切って、毎日のように「ねぇねぇねぇねぇねぇ好き！」といっていらっしゃるそうです。

　このホクロが「死にボクロ」だと、パートナーの浮気に悩まされたり、パートナーがお金にルーズだったり、Hの相性が悪かったり……とパートナーに迷惑をかけられる恐れがあるので、注意してください。

### ★「ラブラブボクロ」を持つ有名人★

バナナマン・日村勇紀さん、岡田結実さん、元モーニング娘。・高橋愛さん、麒麟・川島明さん、石原慎太郎元東京都知事

### 「ラブラブボクロ」を持つ人**あるある**

- 周りに「バカップル！」と言われる
- 「初めて手料理した日」など、記念日がたくさんある
- 「大好き」「私も大好き！」「いや、オレの方が……」が永遠に続く
- 駅のホームで彼氏とチュッチュしている。それは私だ！
- 毎年、彼氏への誕生日プレゼントは決まっている。それは私だ！

# 17 かまちょボクロ

**いつでも**
**誰かにいてほしい**
**寂しがり屋さん！**

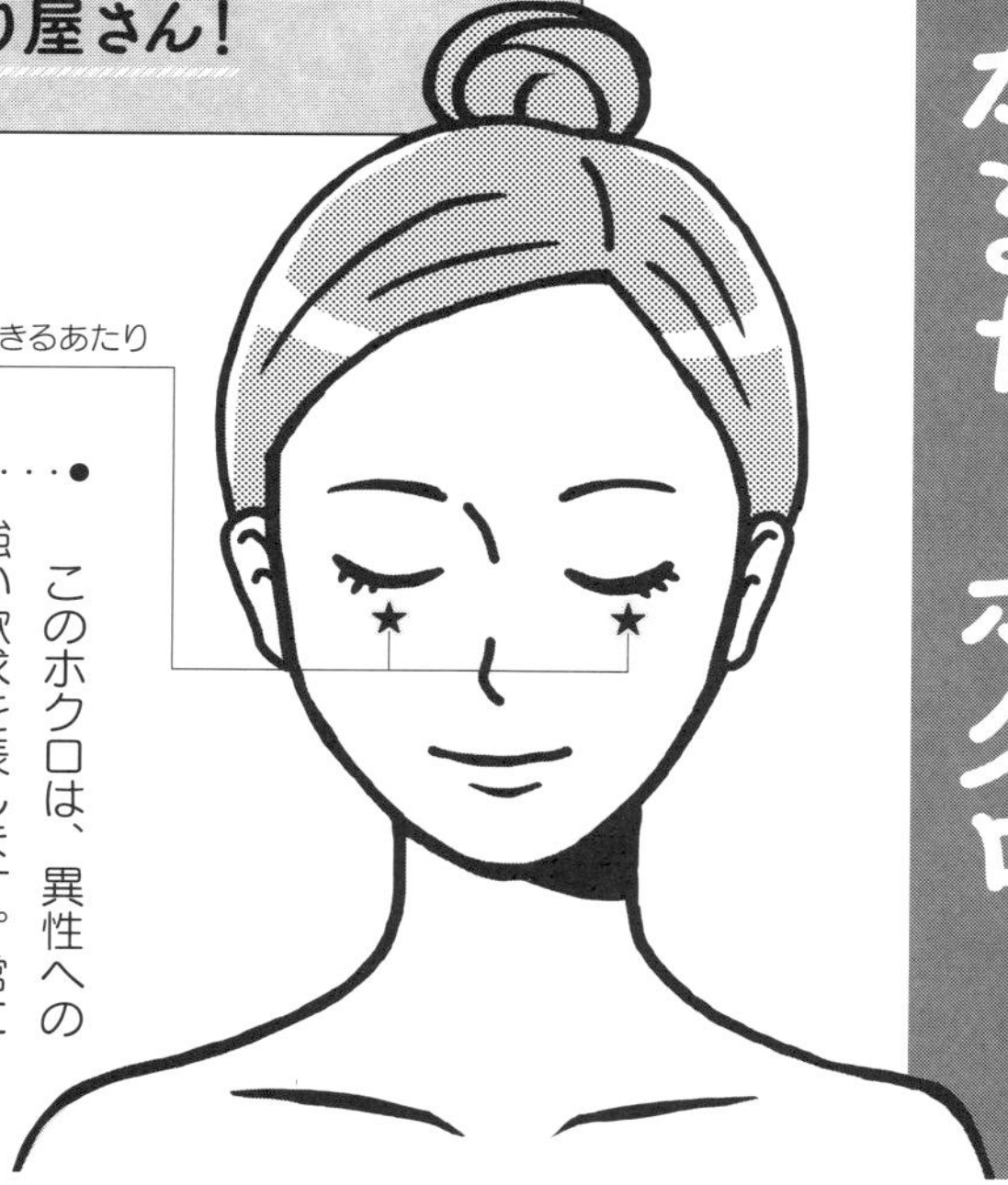


　このホクロは、異性への強い欲求を表します。常に恋人を欲しがり、一人でいられない人です。「泣きボクロ」ともいわれるこのホクロは、「私、寂しがり屋さんなの……かまってほしい！」というアピールなのです！

　ここにホクロがあるだけで、異性へのアピール度がとても高いので、恋愛運を高めたい人のホクロメイクには、最も適したホクロともいえます。目頭に近いと積極的、目尻に近いと消極的を表すので、シチュエーションに合わせて使い分けると良いでしょう！

　このホクロを持っている有名人が、平愛梨さんです。サッカー選手・長友佑都さんとご結婚されましたが、平さんは極度の寂しがり屋さんとして有名で、交際期間中はイタリアと日本の遠距離恋愛に耐えられるのかと、周囲の人たちから心配されていたそうです。日本での仕事をすべて終えられ、イタリア行きを決断されたのもうなずけます。

　このホクロは「泣きぼくろ」というだけあって、自分が泣かせるだけではなく、相手から泣かされるという意味もあります。寂しいからと言っても、パートナーや恋人選びは慎重に、遊びはほどほどに、調子に乗らないように！　という、ホクロからのメッセージであることを忘れてはなりません！

　バドミントン・桃田賢斗選手にはとても目立つ「かまちょボクロ」があります。２０１６年、オリンピック出場目前！　というところで、賭博行為の発覚のために、出場停止になってしまいました。賭博を始めたきっかけは、同僚の誘いだったとか……。まさに相手に泣かされてしまった「泣きボクロ」だったと思えてなりません。

　さらに、このホクロが「死にボクロ」だと、相手から泣かされるだけでは済まされなくこともあるので、要注意してください！

★「かまちょボクロ」を持つ有名人★

平愛梨さん、安室奈美恵さん、
滝沢秀明さん、三代目 JSB・登坂広臣さん、
孫正義さん

### 「かまちょボクロ」を持つ人**あるある**

- 彼氏と別れた直後に、新しい彼氏ができている
- ペット、ぬいぐるみとおしゃべりできる
- 「仕事と私、どっちが大事？」と彼氏に聞いて、ウザがられる
- 「私って、なんでブスなんだろう」という SNS をよくあげる
- 一週間、一人でいたら死んじゃう

## 何事に対しても向き合う努力家

# 18 コツコツボクロ

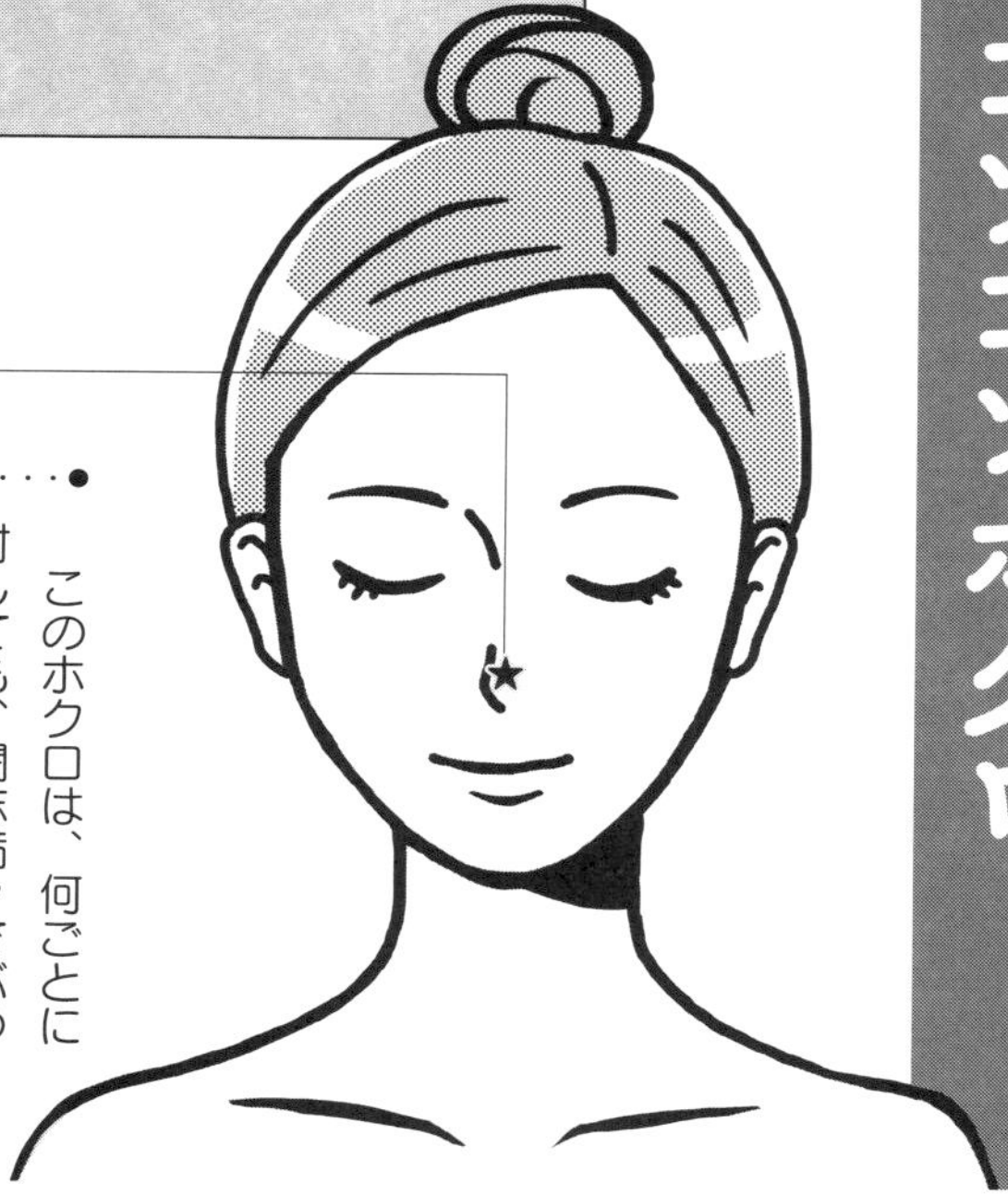

鼻の中央

このホクロは、何ごとに対しても、闘志満々でぶつかっていく人に表れます。地道な努力を続けられる人です。

このホクロを持つ有名人が、元女子サッカー日本代表の澤穂希さんです。6度のW杯と4度のオリンピックに出場し、2011年度FIFA最優秀選手を受賞している澤さんの栄冠はまさに努力の賜物！ 小学校の時は「女の子だから……」という理由で大会に出られず、20歳の時は人気低迷が理由でプロ契約を打ち切られるなど、不遇の時代を持ち前の闘志で乗り越えられました。

そして、第72代横綱・稀勢の里関です。稀勢の里関は、貴乃花関に次ぐ年少記録18歳3ヵ月で幕内入りしたものの、何度も優勝のチャンスを目前にしながら、あと一歩のところで敗れるため、精神的な弱さを指摘されることもありました。しかし、努力を積み重ね、19年ぶりの日本人横綱に昇進されました。新入幕から横綱昇進まで73場所もかかった苦労人です。横綱昇進前に土俵を休んだのはわずか1日だとか。稀勢の里さんは中学時代の卒業文集に次のように書いています。「天才は生まれつきです。もうなれません。努力で天才に勝ちます」と……。

　このホクロが表れた方は、苦労が多く、たとえ辛い時代が続いたとしても、目標への努力を続けてください。コツコツと重ねた努力はきっとあなたを裏切らないはずです！　きっとその努力に見合った見返りがやってきます。ネバーギブアップの精神で、幸運を掴みとりましょう。

　このホクロが「死にボクロ」だと、周囲からは我が強すぎるという印象になり、せっかくの努力が台無しになってしまう可能性があるので、注意してください。

★「コツコツボクロ」を持つ**有名人**★

澤穂希さん、稀勢の里関、
中村アンさん、嵐・松本潤さん、広瀬すずさん

## 「コツコツボクロ」を持つ人**あるある**

- 「努力は必ず報われる」という言葉を信じている
- 学生時代、皆勤賞だった
- アルバイトの時給を上げていくのが大好き
- 男性の胸ぐらを掴んだ事がある
- やられたらやりかえす、倍返しだ！

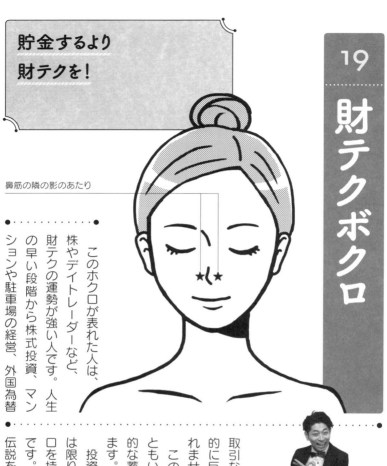

# 19 財テクボクロ

## 貯金するより財テクを!

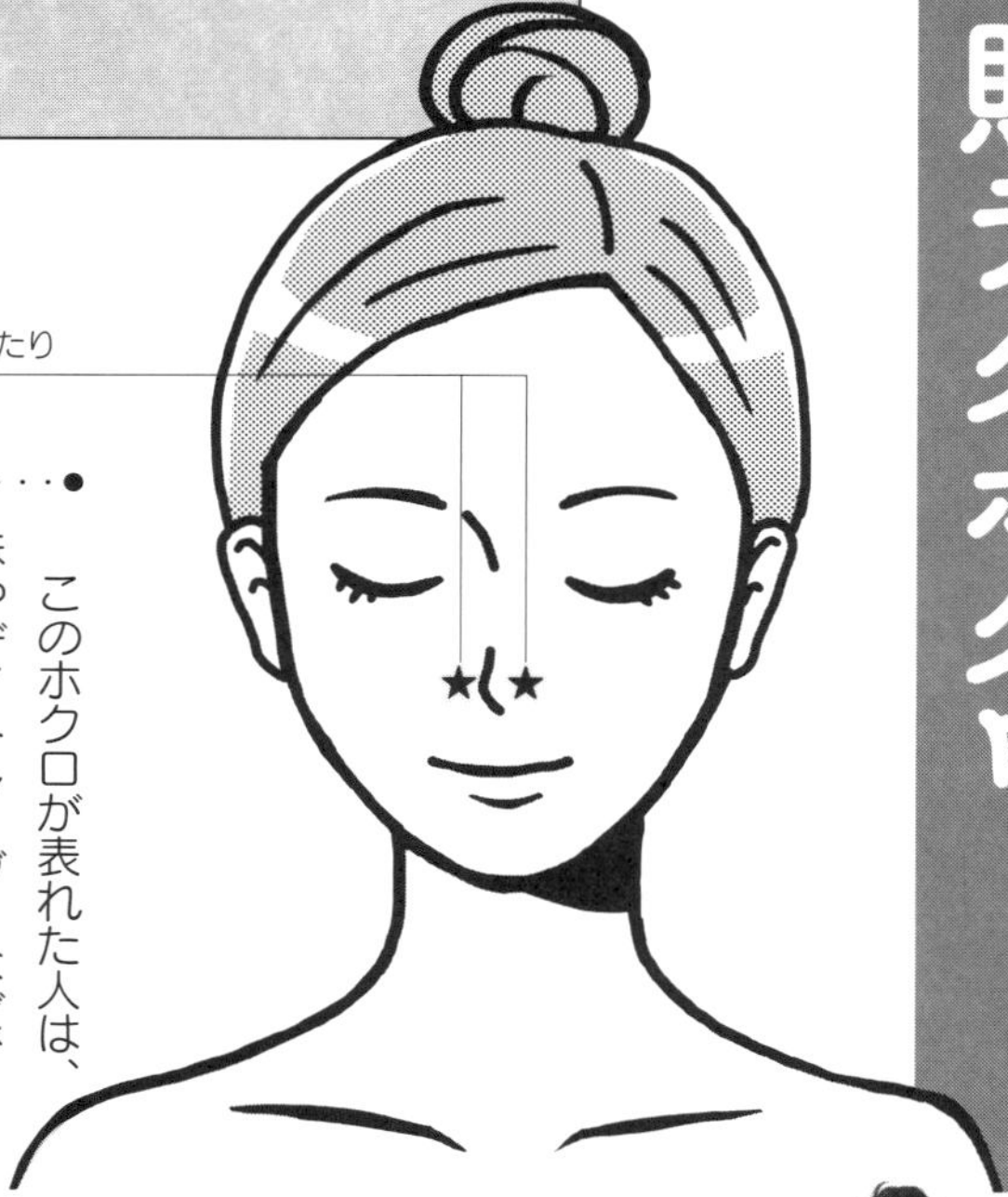

鼻筋の隣の影のあたり

　このホクロが表れた人は、株やデイトレーダーなど、財テクの運勢が強い人です。人生の早い段階から株式投資、マンションや駐車場の経営、外国為替取引などを勉強しておくと、将来的に巨万の富を手に入れるかもしれません!

　このホクロは「貯金苦手ボクロ」ともいえるので、貯金などの一般的な蓄えは向いていないともいえます。

　投資するものは、財テクだけとは限りません。例えば、このホクロを持つ有名人が、松方弘樹さんです。松方さんといえば、豪快な伝説をたくさん残していらっしゃいます。映画の主役で収入が入ると、それを還元するからと、出演者はもちろん、スタッフ全員を連れて飲み歩き。たまたまその場にいたファンまで、そこにいた全員分の代金を支払ったそうです。松方さんに遠慮した人が、こっそりと抜け出して違う店に行っても、すべて会計が支払われていたとか。ビートたけしさんも、松方さんと高級ステーキ屋に行った時に、ステーキはもちろん、高級ワインを飲みまくり、会計が2，000万円！　それを現金で払ったというエピソードを話されています。財布にはいつもお金がつまっていて、財布が立ったとか……。松方さんが投資していたのは「人」だったのです。「人」に還元することで、常にお仕事がまわってきたと言えるでしょう。

　このホクロが「死にボクロ」の場合、財テクに手を出すと失敗するという警告になります。財テクを始めるにしても、現時点のホクロの色を確認してからにしましょう！

★「財テクボクロ」を持つ有名人★

松方弘樹さん、麻生太郎議員、
福沢諭吉さん、YOUさん、
斎藤佑樹選手

### 「財テクボクロ」を持つ人**あるある**

- 投資家のセミナーによく行っている
- 老後は不自由なく暮らしたいと思っている
- オークションサイトで出品している
- 現在、株主優待券で生活をしている
- 株主優待券の有効期限に追われた生活をしている

# 20 タレントボクロ

## 多くの人から愛される人気者！

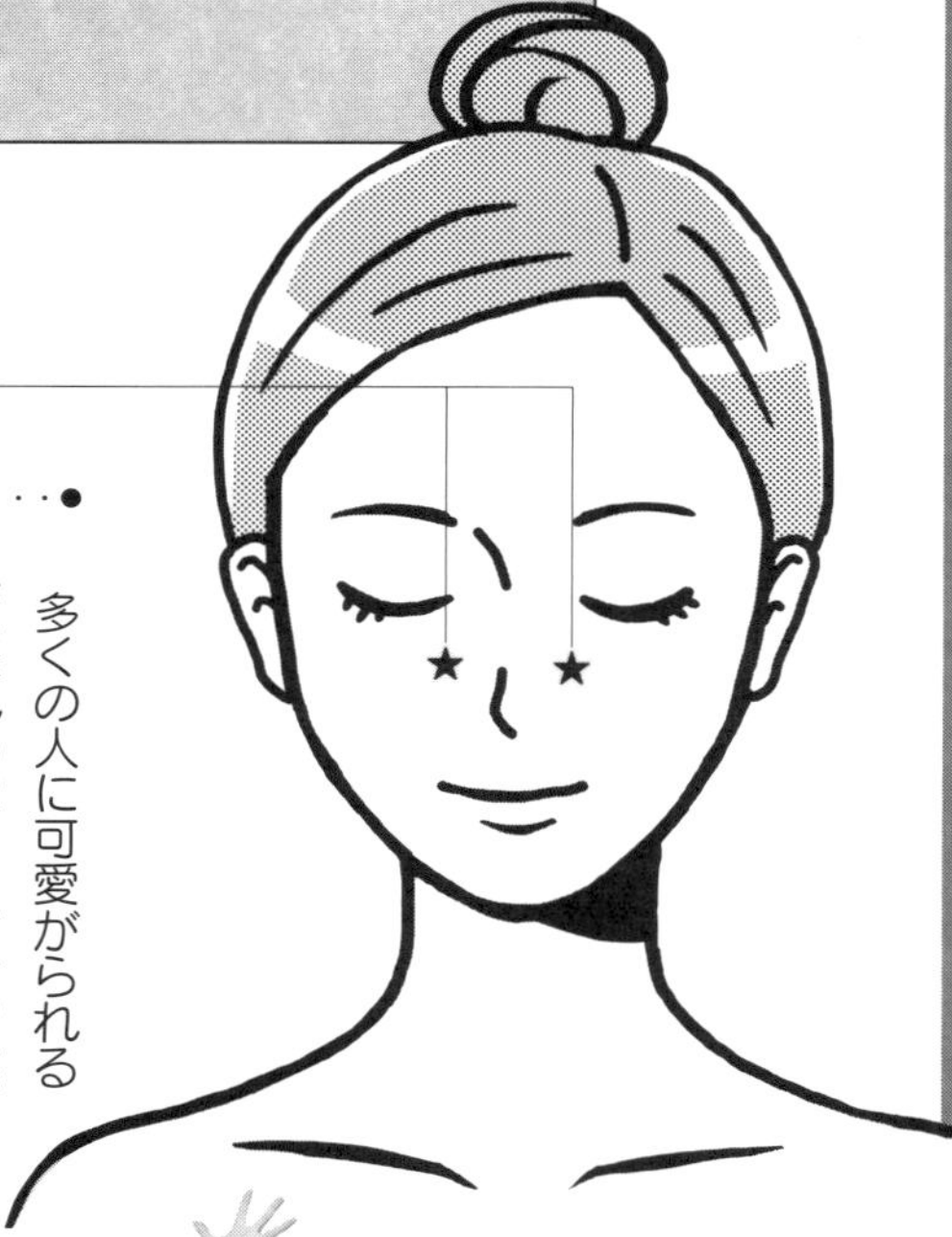

多くの人に可愛がられる人に表れるホクロです。芸能界や接客業をするにはもってこいで、人望や人気を集めて、成功する運勢を持ってます。

このホクロは、自分をアピールすることが成功につながるので、ドンドン人前に出ましょう！ というメッセージなのです。

このホクロを持つ有名人が、ナインティナインの岡村隆史さんです。とてもよく目立つ色の濃い「生きボクロ」があります。デビュー以来、岡村さんは数々のテレビ、CMに出演をされています。その中でも現在、冠番組の『ぐるぐる

ナインティナイン』は23年以上、『めちゃ$^2$イケてるッ！』は21年以上の長寿番組となっています。ラジオ『ナインティナインのオールナイトニッポン』は20年6ヵ月続き『オールナイトニッポン』歴代パーソナリティ最長記録を樹立。この記録は多くのファンから支持され、愛され続けているからといえるでしょう。

実は、あまり目立たないのですが、相方・矢部浩之さんにも「タレントボクロ」があるのです。２人とも「タレントボクロ」を持つナインティナインさんが、デビューから20年以上も愛されているのもうなずけます。

このホクロが「死にボクロ」だと、周囲から嫉妬されたり、根も葉もないウワサをたてられたりする心配がでてくる「スキャンダルボクロ」となるので、注意が必要です。「タレントボクロ」を持つ人は、色の変化に気をつけてください！

★「タレントボクロ」を持つ有名人★

ナインティナイン・岡村隆史さん＆矢部浩之さん、
剛力彩芽さん、福山雅治さん、佐藤健さん、
宮沢りえさん

**「タレントボクロ」を持つ人あるある**

- 飲み会では、場を盛り上げるムードメーカー
- SNSに自撮り写真を投稿
- 彼氏は年上が多かった
- とにかく褒められたい、ムチはいらないアメとアメだ
- 困ったらどうにか笑顔で誤魔化す

## 21 サクセスボクロ

### 芯が強く、成功を手にする人！

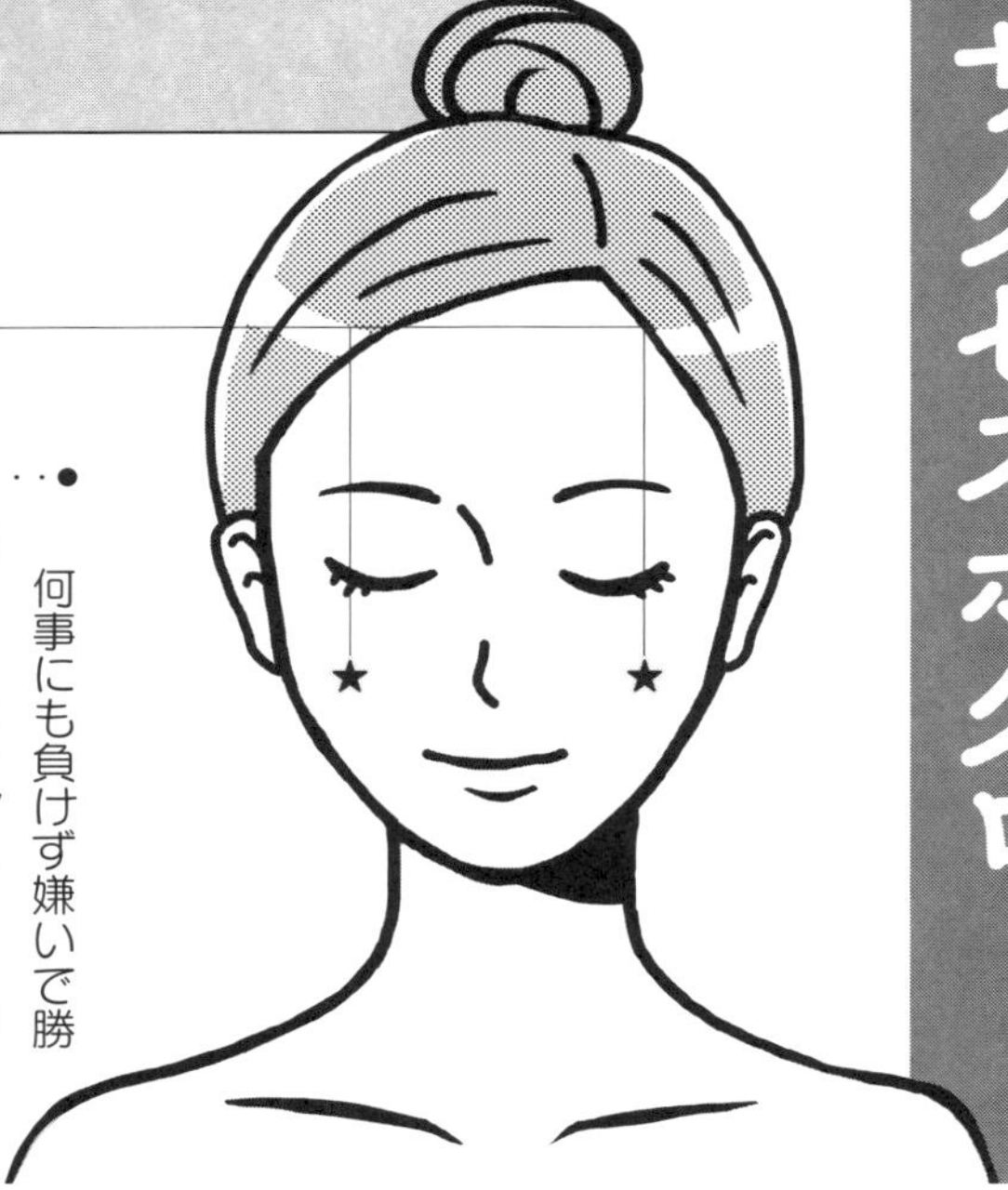

何事にも負けず嫌いで勝気な人に表れるホクロです。芯が強く、持ち前の負けん気で、最終的に成功を手にいれます。

このホクロを持つ有名人が、田中角栄さんです。中卒でありながら、総理大臣にまで昇りつめ、「今太閤」とまで言われた角栄さん。人を惹きつけてやまなかった発言の数々は、角栄さんの勝気で、自分に自信があったからこそのものでしょう。その発言の数々が、いま注目されてブームになっているのも納得できます。

明石家さんまさんもこのホクロの持ち主です。1980年代からTVで活躍し、ついたあだ名は「お笑いモンスター」。長きにわたり、お笑い界のトップに君臨しているさんまさんの「笑い」に対する姿勢は、まったくブレないことで有名です。ある芸人さんから聞いた話です。バラエティー番組で、豪華な食事が出て、罰ゲームの人は食べられません！　という企画があります。収録が終わった後は、みんなで食べる場合が多いそうなんですが……さんまさんが罰ゲームになった場合、「罰ゲームやから」と絶対に手をつけることはないそうです。そのプロ意識は徹底しているといわれています。

　このホクロが表われた方は「自信を持つこと」が開運のキーワードになります。負けず嫌いで勝気なところが、功を奏すでしょう。

　このホクロが「死にボクロ」になると、勝気なところが悪い方向に進み、人間関係のトラブルが起こりやすくなるので、くれぐれも注意してください！

★「サクセスボクロ」を持つ**有名人**★

田中角栄さん、明石家さんまさん、
Mr.Children・櫻井和寿さん、神木隆之介さん、
ナタリー・ポートマンさん

## 「サクセスボクロ」を持つ人**あるある**

- 納得できないことは解決するまで終わらせない
- 嫉妬深いヤキモチ焼き
- ロマンチストの一面がある
- オンリー1よりナンバー1だ
- とんかつが主食

## 22 文春ボクロ

### ウワサ、ゴシップ大好き!

もみあげの周辺

情報収集能力に長けた人に表れるホクロです。好奇心旺盛で、いろいろなことに興味を持つ人です。意地悪ないい方をすると、「ゴシップ大好き!」、「ウワサ大好き!」な人です!

このホクロを持っている有名人が、フリーアナウンサー・羽鳥慎一さんです。羽鳥さんは、自分が出演した番組だけではなく、報道からバラエティーまで、とてつもない量の映像をチェックするそうです。オフの日には家にこもり、いろいろな映像を見ながら、使えそうなワードや気になる言葉を、こまめにチェックして、自分のトークに活かしているそうです。正真正銘の情報収集のプロフェッショナル!「好きな男性アナウンサーランキング」で1位になれたのも、日頃から人気がでる方法を調べているからなのかも!?

爆笑問題の太田光さんもこのホクロをお持ちです。太田さんはバラエティー番組だけではなく、教養番組や政治・経済を扱った番組に出演されています。そして、爆笑問題さんの漫才といえば、政治、経済、芸能、スポーツなど幅広いジャンルの「時事ネタ」。これは豊富な知識があるからこそ出来る技です。太田さんは大変な読書家で年100冊を超える本を読んでいるそうです。

　このホクロを持つ人は、隠しごとが苦手なため、ズケズケと本音をいったり、ついうっかり口がすべったりする可能性があるので、注意しましょう！　とくにホクロが「死にボクロ」だと、他人の秘密をバラしたりして信用を失い、トラブルを招く危険性もあります！

　いずれにしても、このホクロを持つ人がいたら、自分の秘密を打ち明けたり、相談ごとをしない方がいいかもしれません！

★「文春ボクロ」を持つ有名人★

羽鳥慎一さん、麒麟・川島明さん、
南海キャンディーズ・山里亮太さん、
サバンナ・高橋茂雄さん、爆笑問題・太田光さん

**「文春ボクロ」を持つ人あるある**

- 「一口ちょーだい」が口癖
- 「歩くスピーカー」「地獄耳」「口軽女」といったあだ名をつけられたことがある
- 彼氏の携帯をこっそり見た事がある
- 噂話をつまみにすればお酒が何杯でもいける
- 毎週、木曜日と金曜日が待ち遠しい

# 23 小悪魔ボクロ

セックスアピールで
異性を惑わす、
まさに小悪魔!?

このホクロは、お金の出入りが激しい人に表れます。さらにセックスアピールが強く、「異性好きボクロ」という意味もあります。このホクロを持つ人は、人がほっておけない「小悪魔」なのです。よくいえば、「大人の色気がある人」です。

　しかし、「私、大人の色気があるんだ!」といって喜んではダメです! Hな気持ちを抑えきれず、火遊びに走ってしまう可能性が高く、浮気、不倫、離婚にもつながりやすいのです。

　このホクロがある人は、やってはいけないと頭ではわかっていてもどうしてもやりたい衝動にかられる人で、危険やスリルをついつい楽しむ人なのです。

　このホクロがある人とおつきあい、または結婚するときには、しっかり異性問題などを調べることをオススメします!

　ぼくが『中居正広のミになる図

書館』に出演させていただいた時、劇団ひとりさんにこのホクロがありました。その時には、「人生破滅ボクロ」という名前で紹介させていただきました。それは、このホクロが「死にボクロ」だと、事態はとんでもなく悪い方向に進むからです。お金の面では大金欠、さらに悪くなれば破産! 恋愛面ではW不倫、ドロ沼離婚! になることもあるからです! 番組では、中居さんから「劇団ひとりは、いっつも二言目にはセックスしてー! って言ってるよな?」、「ギャンブル好きだからなー」といわれた劇団ひとりさんは、あたふたしながら「セックスは妻とです! 当然!!」「ギャンブルは確かに好きだから、思い当たる節がある」と答えていましたが……。

劇団ひとりさんは「生きボクロ」だったので、さすがに「人生破滅!」になることはないと思いますが、このホクロが「死にボクロ」の方は注意してください!

★「小悪魔ボクロ」を持つ有名人★

劇団ひとりさん、陣内智則さん、
ココリコ・遠藤章造さん、
オードリー・若林正恭さん、YOUさん

### 「小悪魔ボクロ」を持つ人**あるある**

- 勝負下着を何着も持っている
- 結婚指輪を外すことが多々ある
- 聞いたこともない友人の名前を出して出かける
- 吸わないのにタバコのニオイがすることがある
- 探偵に尾行されている

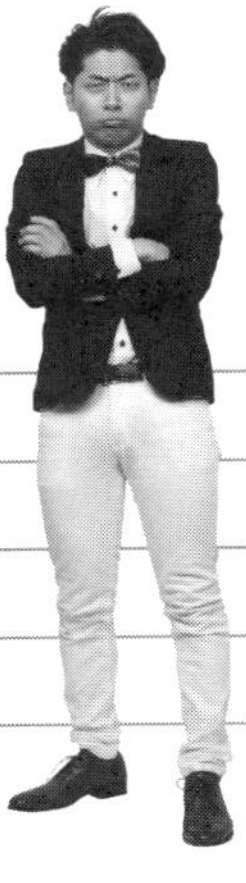

# 24 ワンチャンスボクロ

## 「ここぞ!」という勝負の時は絶対に外さない!

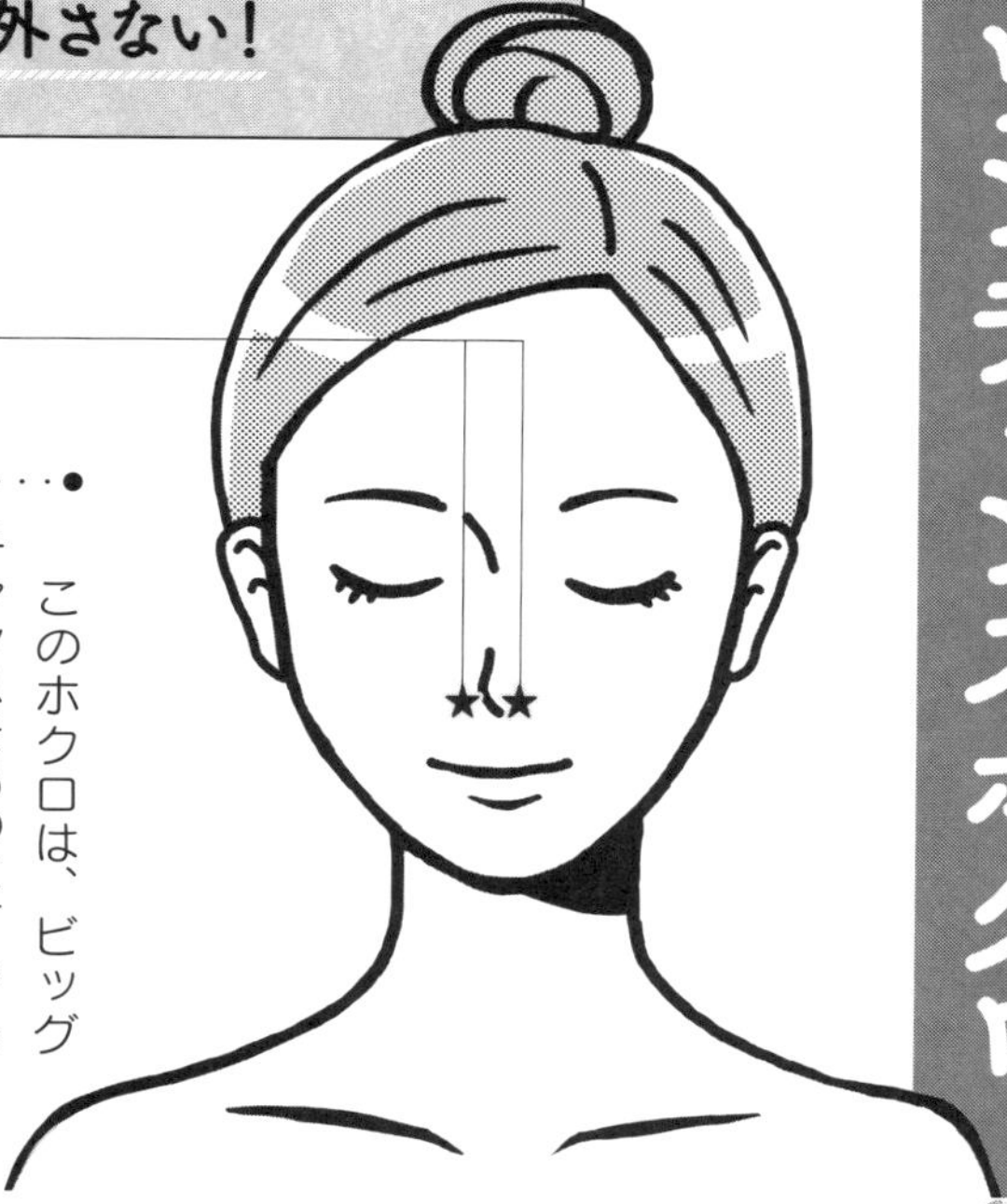

このホクロは、ビッグチャンスをものにする人、「ここぞ!」という勝負に強い人に表れます。プレッシャーをはねのける力と運勢を持っているのです。

このホクロを持つ有名人がメジャーリーガー・イチロー選手です。イチロー選手は、数々の記録を塗り替え、ＭＬＢシーズン最多安打記録保持者にまでなりました。そこにたどり着くまでには、想像を絶する期待やプレッシャーがあったと思いますが、それをすべて乗り越えて、大記録を打ち立てたのです。

このホクロは「一攫千金ボクロ」ともいえるので、一度に大金をつかむこともあります。ギャンブル運も強く、負けても取り戻せる強運の持ち主です! だからといって、ギャンブルに深入りは禁物。没頭すると全財産を使い果たしてしまう可能性もあります。
「一攫千金ボクロ」の体現者！　と言うべき人が坂上忍さんです。坂上さんは年末に「稼いだお金の全額を競艇で使う」と決めているそうです。そこでお金が無くならないと働く意欲が湧かないからだとか。舟券が大当たりした時は、次の年の上半期は南の島でのんびり生活を送るそうです。20歳半ばから毎年続けられ、本人曰く年末の大勝負で勝った金額は約1億円！　負けた額は3億円以上!!だそうです。坂上さんは勝負事を、自身のエネルギーに変えられる方なのでしょう。このホクロがあるからといって、坂上さんのマネなどしてはなりません！

とくに、このホクロが「死にボクロ」だと、ギャンブル運はなく、大負けする可能性大！　しかも、浪費家の傾向がでてしまうので、ギャンブルはオススメできません！

★「ワンチャンスボクロ」を持つ有名人★

イチロー選手、
市川海老蔵さん、坂上忍さん

## 「ワンチャンスボクロ」を持つ人**あるある**

- 自分は「持っている」と心底から思っている
- 「前人未到」という言葉に魅力を感じる
- もしも自分がボーリングでピン1本だけ残しても、必ずスペアを取れる自信がある
- もしも自分がTVの生放送でテーブルクロス引きを任せられても成功させる自信がある
- もしも自分がW杯の決勝戦のPK戦を任さられても成功させる自信がある

# 25 お下品……ボクロ

**Hな話が大好き！「お下品」と言われないよう要注意！**

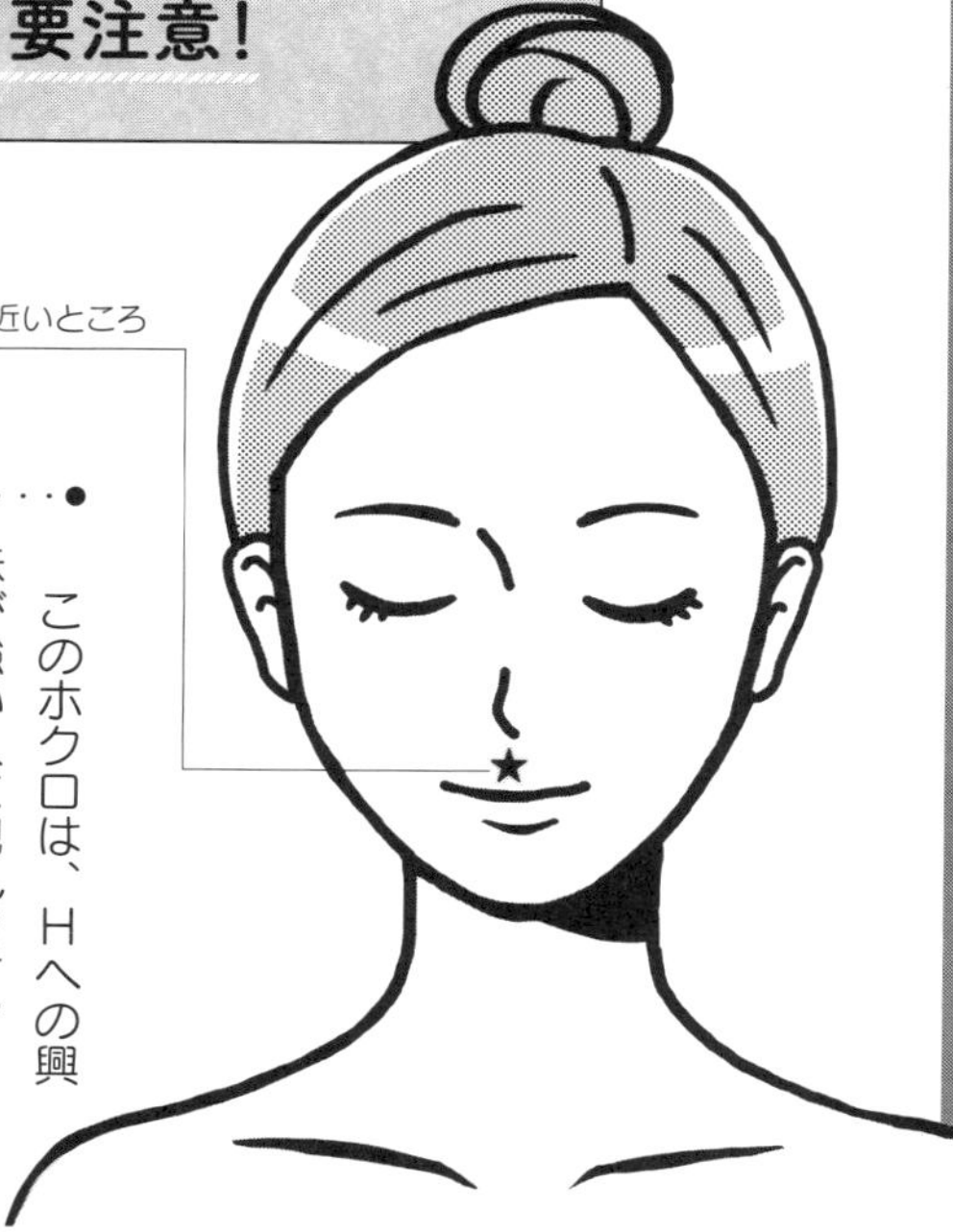


このホクロは、Hへの興味が強い人に現れます。Hへの欲求が強いため、誰と話していても、「私、昨日、彼氏と〇〇したの」、「私、〇〇なことしてみたい！」など、無意識のうちに話題がHな話になっています。たいていの人は合わせているだけで、ドン引き。「お下品……」と思われている人です。Hな話は心の許せる人だけにしましょう！

　このホクロを持つ有名人が、ノンスタイル・井上裕介さんです。井上さんは、ある深夜番組で、グラビアアイドルさんの家に行き、下着をカメラの前にかかげたり、下ネタを連発したりして、ツイッターが大炎上したことがありました。ホクロの意味を知っていたら、もう少しおさえて、炎上しなかっ

たかも⁉

　最近では、井上さんの「元カノ」として佐藤聖羅さんが、交際と破局理由を暴露していました。「とにかく優しくてマメ」、「彼氏として本当にいい人」だったそうですが、破局の理由は「浮気」。ある日、井上さんの家で掃除していると、コンタクトレンズを発見。井上さんはレーシック手術をしているため、「コンタクト必要ないよね？」と尋ねると、井上さんは「家に呼ぶマッサージ師さんの」と答えたんだとか……これも、女性にモテる井上さんだからこそのエピソードといえるでしょう！

　井上さんはモテる方なので笑いになっていますが……。

　このホクロが表れた人は常に発言に注意してください。特にお酒の場でついつい羽目を外しすぎない様に！

　このホクロが「死にボクロ」だと、「お下品……」な発言や行動で、友達、恋人を失う恐れまでもあります！　いくら楽しくても「お下品……」な会話はほどほどに！

★「お下品……ボクロ」を持つ**有名人**★

ノンスタイル・井上裕介さん、
AKB48武藤十夢さん（除去済）

### 「お下品……ボクロ」を持つ人**あるある**

- 合コンはとりあえず下ネタで盛り上がろうとする
- 王様ゲームを執拗にしたがる
- 女性だけどAVをよく見る
- いきつけの大人のおもちゃ屋さんがある
- フランクフルトを見ると、いろいろと妄想する

# 26 ハッピー！ボクロ

## 衣食住に困らない強運の持ち主！

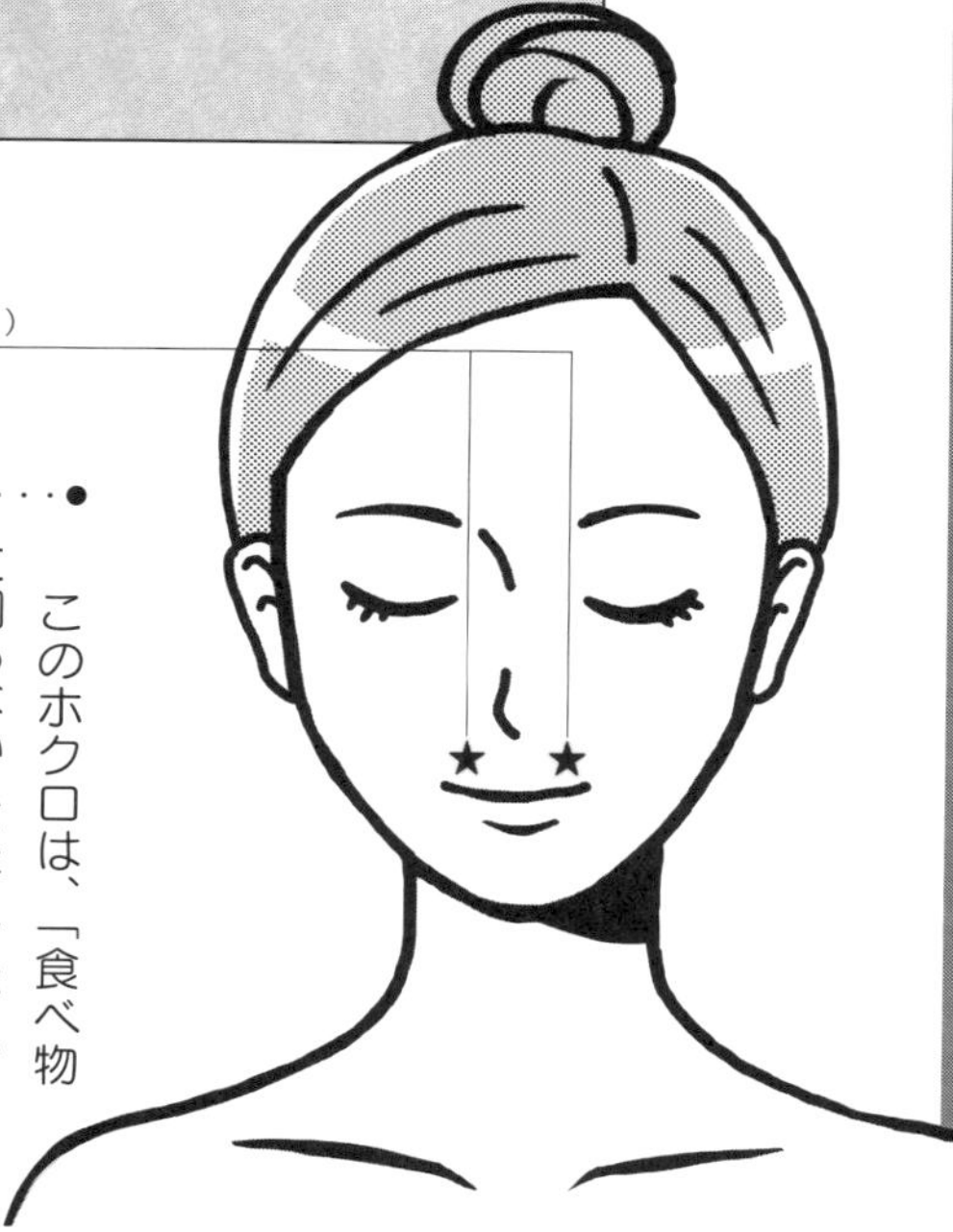

ほうれい線の内側（人中の下はのぞく）

このホクロは、「食べ物に困らないこと」を表しています。そのため、このホクロが大きく、黒々しくなるほど、食べるだけではなく、経済運を持っているという意味になります。生活に心配事がなく、「ハッピー！」な人生を歩むことができる人です。その為、人にごちそうする立場や人に与える立場になりやすい人ですが、それが無駄になることはなく、仕事につながったり、援助してもらったり、後々自分に返ってきます！

自分を応援してくれる人、賛同者を作っておく事が後々大切になるというのがホクロからのメッセージです。

このホクロを持つ有名人が、安室奈美恵さんです。10代の頃にデビューしてから、男女問わず絶大なる支持を受け、現在でも第一線で活躍されています。子供の頃の安室さんの家庭は裕福ではなく、沖縄アクターズスクールに月謝が払えずに、一度は入校を断念します。しかし、「この子は必ずスターになる！」と確信した校長先生が異例の特待生として、学費免除で入学させてくれたのです。数年後にはミリオンセラーを連発し、「アムラー」という社会現象を引き起こすまでになるのです。決して裕福ではない家庭環境で育っていても、衣食住に困らない経済運があることを、ホクロは教えてくれていたのです。安室さんは、多くの義援金を送られたことが報じられたことがあります。もらった恩をしっかりと返しているのです。それがさらに、安室さんに返ってきて、ハッピーな生活が待っているのです。このホクロが「死にボクロ」になると、経済的に苦労する恐れがあり、人にごちそうしても、なんの意味もないことがありますので、注意してください！

★「ハッピー！ボクロ」を持つ有名人★

安室奈美恵さん、吹石一恵さん、
乃木坂46・白石麻衣さん、
里田まいさん、星野源さん

**「ハッピー！ボクロ」を持つ人あるある**

- ビンボー時代を、なんとなく乗り越えられた
- 会計はこっそり済ませている
- 売れていない芸人、俳優、バンドマンにごちそうしたい性格
- アイスはハーゲンダッツに限る
- ポテチは5枚食いだ

# 27 灯台下暗しボクロ

## 下半身のケガと病気に要注意！

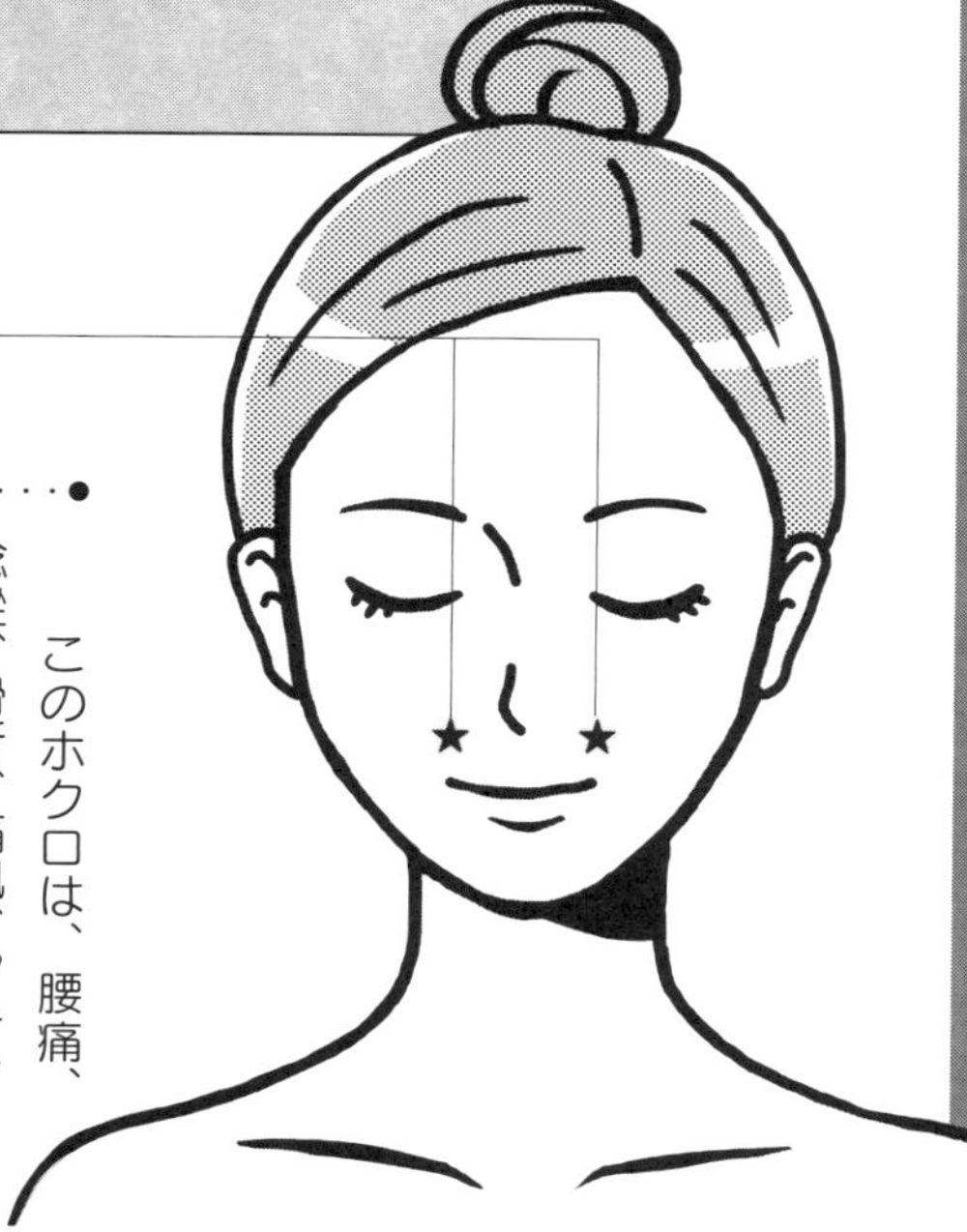

ほうれい線

このホクロは、腰痛、捻挫、骨折、痛風、アキレス腱やひざなどの故障など、下半身のケガや病気になりやすい人に表れます。

ホクロの位置で注意する場所が変わってきます。それぞれ「鼻のそば・腰」、「ほうれい線の中ほど・ひざの近く」、「ほうれい線の末端・足」です。「下半身に負担をかけないように……」というホクロからのメッセージですので、しっかり健康状態を把握してください。運動することがあれば、しっかり準備運動しましょう。

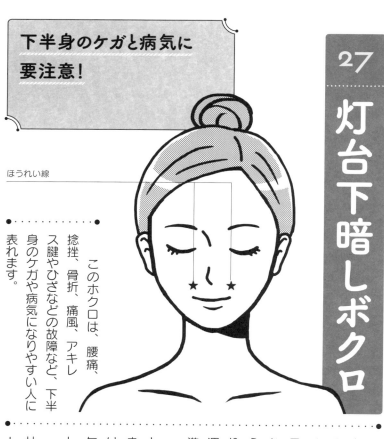

このホクロが「死にボクロ」だと、かなり深刻なケガや病気に悩まされる恐れがあります。仕事だけではなく、人生にまで悪影響を与えるかもしれませんので、注意してください！

このホクロを持つ有名人が、サッカー界で最も権威のある「FIFAバロンドール」の世界最優秀選手を授賞されたクリスティアーノ・ロナウド選手です。２０１６年、ユーロ２０１６決勝フランス戦に先発出場した際、相手選手と接触し左膝内側副靭帯損傷の大怪我をされました。怪我をした直後は、テーピングで固定してピッチに戻りましたが、最終的には自ら交代を申し出て無念の負傷交代。ロナウド選手は、「生きボクロ」だったので全治１ヵ月で済みましたが、これが「死にボクロ」だったら……サッカー界の至宝がとんでもないことになっていたかもしれません！　レアル・マドリードがロナウド選手の両足に約１４５億円の保険をかけたのもうなずけます！

　このホクロが表れた方は「生きボクロ」、「死にボクロ」に関わらず、ホクロのメッセージを受け止めて、下半身のトラブルを回避してください！

★「灯台下暗しボクロ」を持つ**有名人**★

クリスティアーノ・ロナウド選手
本田圭佑選手、香川真司選手、石川遼選手
村主章枝さん（除去済み）

### 「灯台下暗しボクロ」を持つ人**あるある**

- ギックリ腰の経験あり
- タンスの角に、よく足の小指をぶつける
- ボーリングの玉を足に落としたことがある
- レゴを踏んで絶叫した事がある
- ぶっちゃけ水虫だ

# 28 転居ボクロ

## 家運に恵まれない

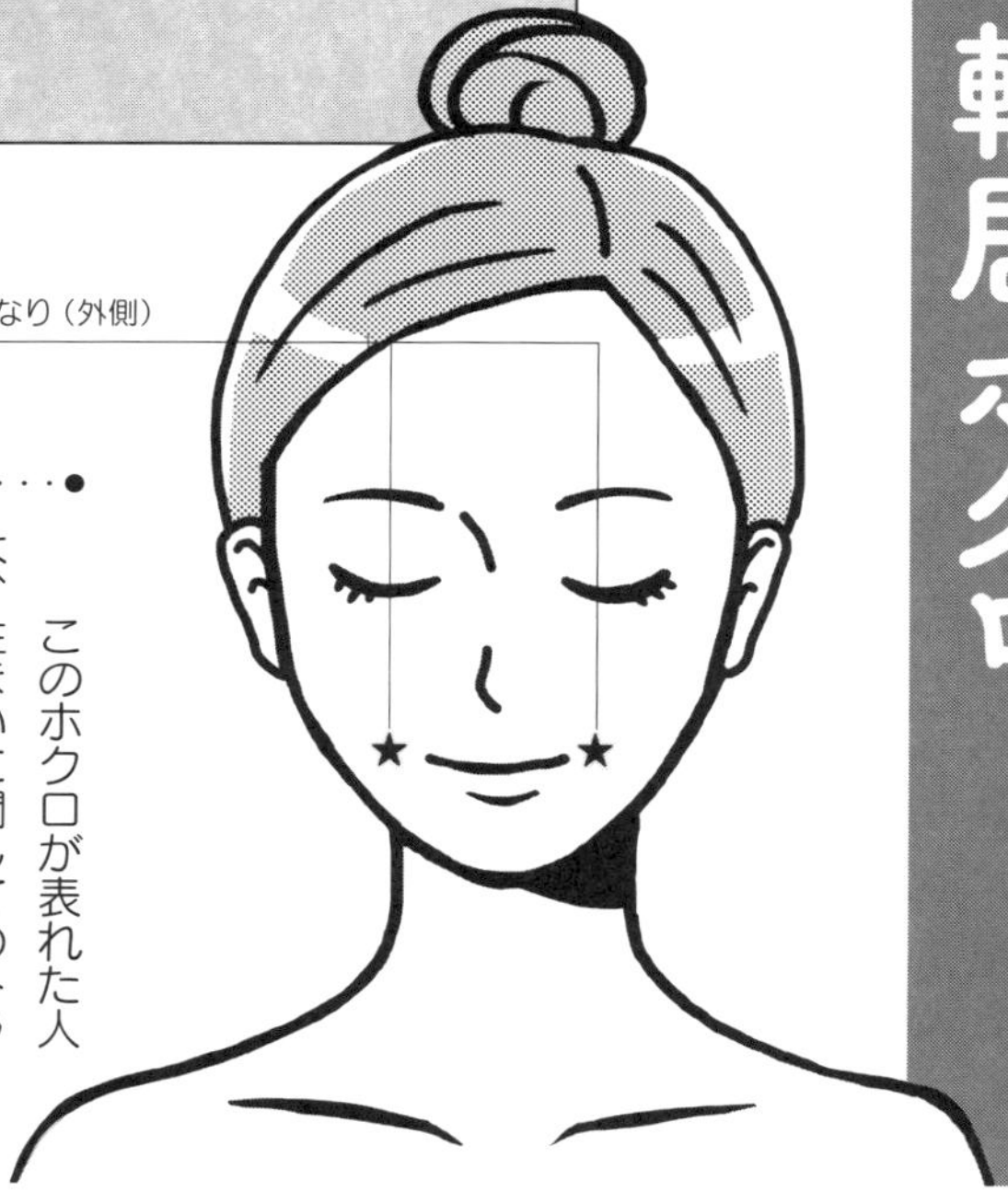

このホクロが表れた人は、住まいに関してのトラブルに巻き込まれる運勢があります。住んでみてビックリ！　騒音問題、日当たりの悪さ、隣人トラブルなどに巻き込まれ、悩みが尽きずに、ストレスを溜め込むことになるかもしれません。特に、一戸建てのマイホームを持つ、自分の店を持つ時には、細心の注意を！

　このホクロが「死にボクロ」だと、笑えないレベルの家に住む可能性もあります。よく調べてみたら、事故物件だった、配水管が破裂して家中が水浸しになったなどなど……。

　このホクロを持つ有名人が、ずん・飯尾さんです。ぼくが『笑っ

ていいとも！』に出演した時に、このホクロを見せていただき、ホクロの意味をお伝えすると「この前、トイレがつまって修理費がけっこうかかった!!! 僕が妻に怒られたので目をゆっくり閉じました（笑）」とおっしゃられていました。

そして、もう一人、ダイノジ・大地洋輔さんです。大地さんはある番組で、自宅を紹介されていましたが、二階のリビングの傾き、窓側に隙間ができている欠陥が見つかり、さらに天窓から雨漏りまで！ それらの欠陥が判明したのは、72歳までローンを組んだ直後！ 家の価値も大幅にダウンしたそうです。その番組では『Mr.欠陥住宅』と呼ばれるまでに……。

ホクロの持つ意味を知っていれば、住居選びに時間をかけて、回避できたかもしれません。

「住居選びはくれぐれも慎重に」というのがホクロのメッセージです。メッセージを受け取れば、きっとトラブルを回避できますのでご安心を！

★「転居ボクロ」を持つ有名人★

ダイノジ・大池洋輔さん
ずん・飯尾和樹さん、キャイ～ン・ウド鈴木さん

**「転居ボクロ」を持つ人あるある**

- 退去時に、高額のお金を請求された
- ベランダに大量の鳥のフンがある
- 隣の部屋から壁を殴る音が聞こえて寝れない
- クレームを言う為、隣の部屋に行ったらはそこは空き部屋だった
- よく調べたら住んでいる家が家賃2.3万円、ワケあり、オバケ付き！ という物件だった

# 29 ポジティブボクロ

## 前進あるのみ！有言実行する人！

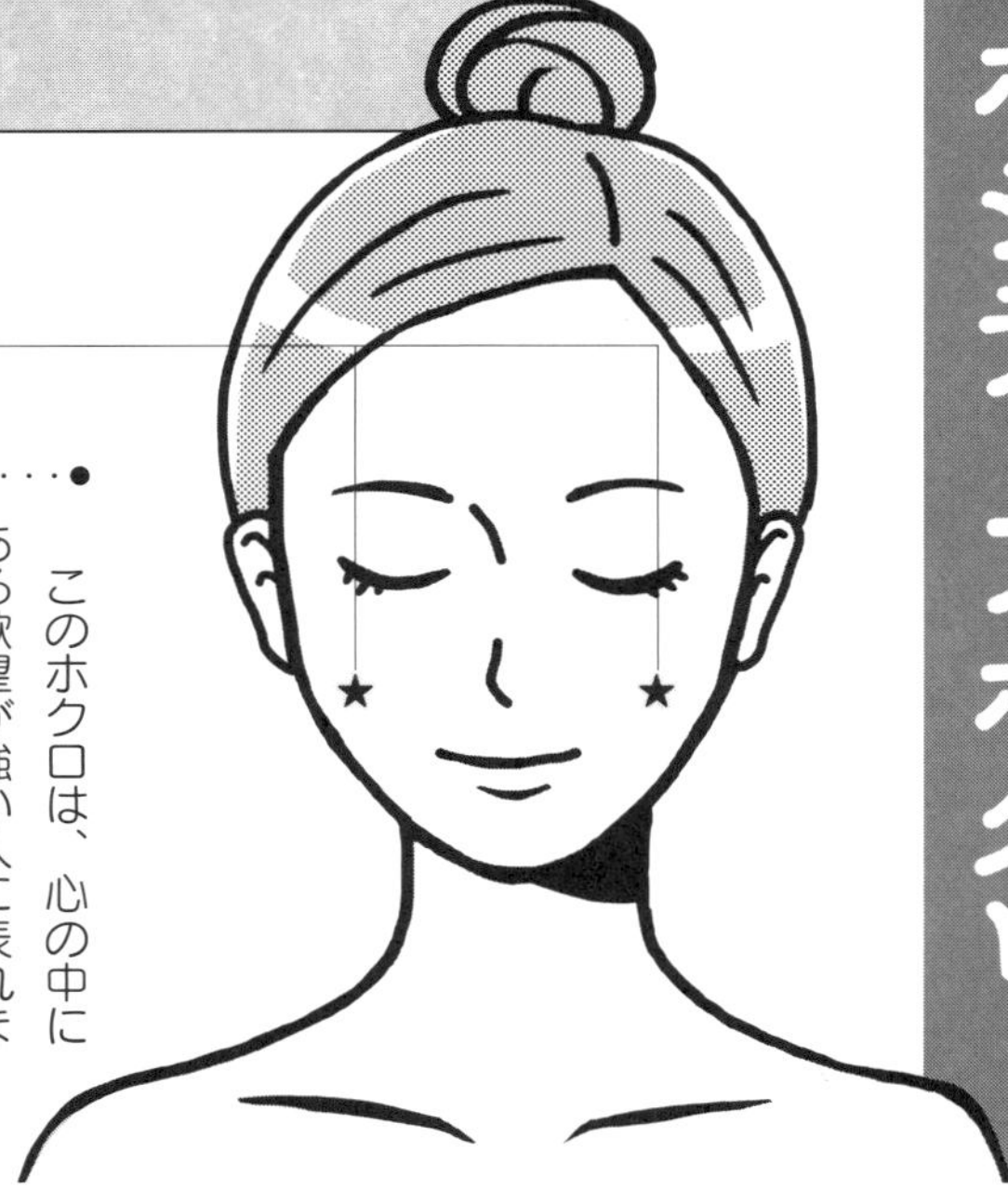

このホクロは、心の中にある欲望が強い人に表れます。「有言実行ボクロ」ともいえ、欲を満たすために、仕事をバリバリとこなし、名声を得る運勢を持っています。言霊の力が強いので言葉に出した願望は、必ず叶えられる人です。

そのため、このホクロを持つ人は、欲を出すほど成功につながります。具体性が大事なので自分の目標や願いがなんなのか、紙に書き出し、口に出し、行動することで、それを成し遂げることができるのです。

このホクロが表れた人は「ハングリー精神」が開運のキーワードです。苦しい状況にあえて身を置くことや何事にも満足しないことを意識しましょう。

このホクロを持つ有名人が、メジャーリーガー・ダルビッシュ有選手です。ダルビッシュ選手は、インタビューやSNSなどで、常に自分の意志を言葉にされています。「能力があるのに自分に甘い人、だらしない人、目標に向かっていこうとしない人。そういう人が大嫌いなんです」という発言も。常に発言をすることで、自分を奮起させているのでしょう。

時に「ビッグマウス」といわれるダルビッシュ選手ですが、それで良いのです。このホクロを持つ人にとって、「ビッグマウス」は「ビッグと成す」ことなのです！「世界一の投手になりたい」と海を渡ったダルビッシュ選手。今後もその有言実行を期待せずにいられません。

そして、千眼美子さん。順調だった女優業を、「全部言っちゃうね」ときっぱりやめて、宗教家に転身されました。

このホクロが「死にボクロ」だと、ハングリー精神が無かったり、欲望を満たすために他人を出し抜いたりするなど、悪い方向に進む可能性があります。

★「ポジティブボクロ」を持つ有名人★

ダルビッシュ有選手
きゃりーぱみゅぱみゅさん、木村拓哉さん、
小泉進次郎議員、千眼美子さん

## 「ポジティブボクロ」を持つ人**あるある**

- 目標を紙に書いて部屋に貼りつけている
- 昔とったトロフィー、賞状を飾っている
- あれも欲しい、これも欲しい、もっと欲しい、もっともっと欲しい精神
- 神社での参拝は願い事が長すぎて後ろの人に舌打ちされる
- 流れ星を常に探している

## 食べ物だけでは飽き足らない？

# 30 グルメボクロ

このホクロは、「食」への興味がとても強く、食事やお酒にお金を使う人に表れます。あなたの周りで、このホクロがある人には、美味しいお店を知っている人が多いのではないでしょうか？

　そして、「食欲」から転じて、人間の三大欲求の一つ「性欲」にもつながり、Hなことに対してグルメな人でもあるのです。「プレイボーイボクロ」、「プレイガールボクロ」であり、異性に対する興味がとても強く、「ワンナイトラブもOK！」な人です。むしろ、たくさんの異性と関係を持つことを好むHな人なのです！

　上クチビルにホクロがある場合はHに積極的、下クチビルにある場合は消極的(受け身であること)を意味しています。クチビルの内側で、普段は隠れている場合は、「床上手」という意味になります。

　このホクロを持つ有名人が、小

嶋陽菜さんです。小嶋さんは、以前、下着メーカーのモデルをやられていましたが……男性だったら、あのクチビルにちょっとHなことを想像しちゃいます！　ホクロがセクシーな魅力をより引き立てているといえるでしょう。

　セクシーで大人の色気を持つ小嶋さんだからこそ、モデルに抜擢されたのでは……。そうなのです。このホクロを持つ人はセクシーで大人の色気がある人に多いのです。なので、このホクロが表れたあなたは大人の色気を演出してみてはいかがでしょうか？　あなたの魅力が倍増して異性をさらに魅了するかも?!　しかし、「男女トラブルに気をつけて！」というメッセージであることも忘れずに！

このホクロが「死にボクロ」だと、食べ過ぎ飲み過ぎによる生活習慣病、アルコール依存症になる可能性がありますので、くれぐれも注意してください！

★「グルメボクロ」を持つ**有名人**★

小嶋陽菜さん、関ジャニ∞・錦戸亮さん
小栗旬さん、要潤さん
道端アンジェリカさん（除去済）

## 「グルメボクロ」を持つ人**あるある**

- グルメ番組、グルメ雑誌を見て、その店に行ったことがある
- ボディータッチが多い
- 酔っぱらうとどんな相手でもOKになる性格だ
- クラブは音楽を楽しむ場所じゃない男と出会う場所だ
- 夏は狩りの時期だ

## 31 おしゃべりボクロ

### 話し上手で、人を楽しませる人！

口角

ホクロの位置がすべてを物語っています！　このホクロが表れた人は、とてもおしゃべりです！　言葉巧みで話術に優れている人です。話し上手なので、

人を説得したり、人を楽しませたりする仕事に向いています。営業、販売、司会、講師などの仕事につくと、良い運勢が開けるでしょう。

このホクロを持つ有名人が、元大阪市市長・橋下徹さんです。橋下さんは、弁護士時代から多くのTV番組に出演し、理路整然とした語り口で、お茶の間の人気者になりました。その後、大阪府知事、大阪市市長時代には、数々の政策を打ち立てて、大阪の街を革新させてきました。しゃべくりだけで、たくさんの人を魅了し、改革をしてこられた橋下さんは、まさに「おしゃべりボクロ」の体現者といえ

るでしょう。

　そして、千原せいじさんです。誰にでも、くったくなくしゃべりかけるせいじさん。老若男女はもちろんですが、海外ロケに行っても日本にいるのとまったく同じ！「日本語が通じないかも」と考えることなどなく、自分の思ったことをしゃべり続けるせいじさんには、世界中の誰もがすぐに打ち解けてしまいます。「しゃべり続ければなんとかなる！」の精神をお持ちのせいじさんも「おしゃべりボクロ」の体現者といえるでしょう！

　このホクロが表れたあなたは「人とおしゃべりすること」が開運のキーワードです。多くのコミュニケーションの先に何かが待っているでしょう。「沈黙は銀、雄弁が金」だと思ってください。

　このホクロが色の薄い「死にボクロ」だと、余計な一言が多かったり、言葉で相手を傷つけてしまったりする可能性があります。「口は災いの元」であることを、肝に銘じておきましょう。

★「おしゃべりボクロ」を持つ**有名人**★

橋下徹さん、千原せいじさん、
オリエンタルラジオ・中田敦彦さん、
チュートリアル・徳井義実さん、あべこうじさん

### 「おしゃべりボクロ」を持つ人**あるある**

- 授業中に「静かにしろ！」とよく怒られていた
- TV を見ながら、一人でツッコミを入れている！
- 長電話のし過ぎで携帯料金が毎回、高額だ
- 自分の話に自分で爆笑して、周囲にキモがられる
- しゃべりすぎて、いつも口が乾燥している

# 32 がんばりボクロ

## 粘り強さで初志貫徹!

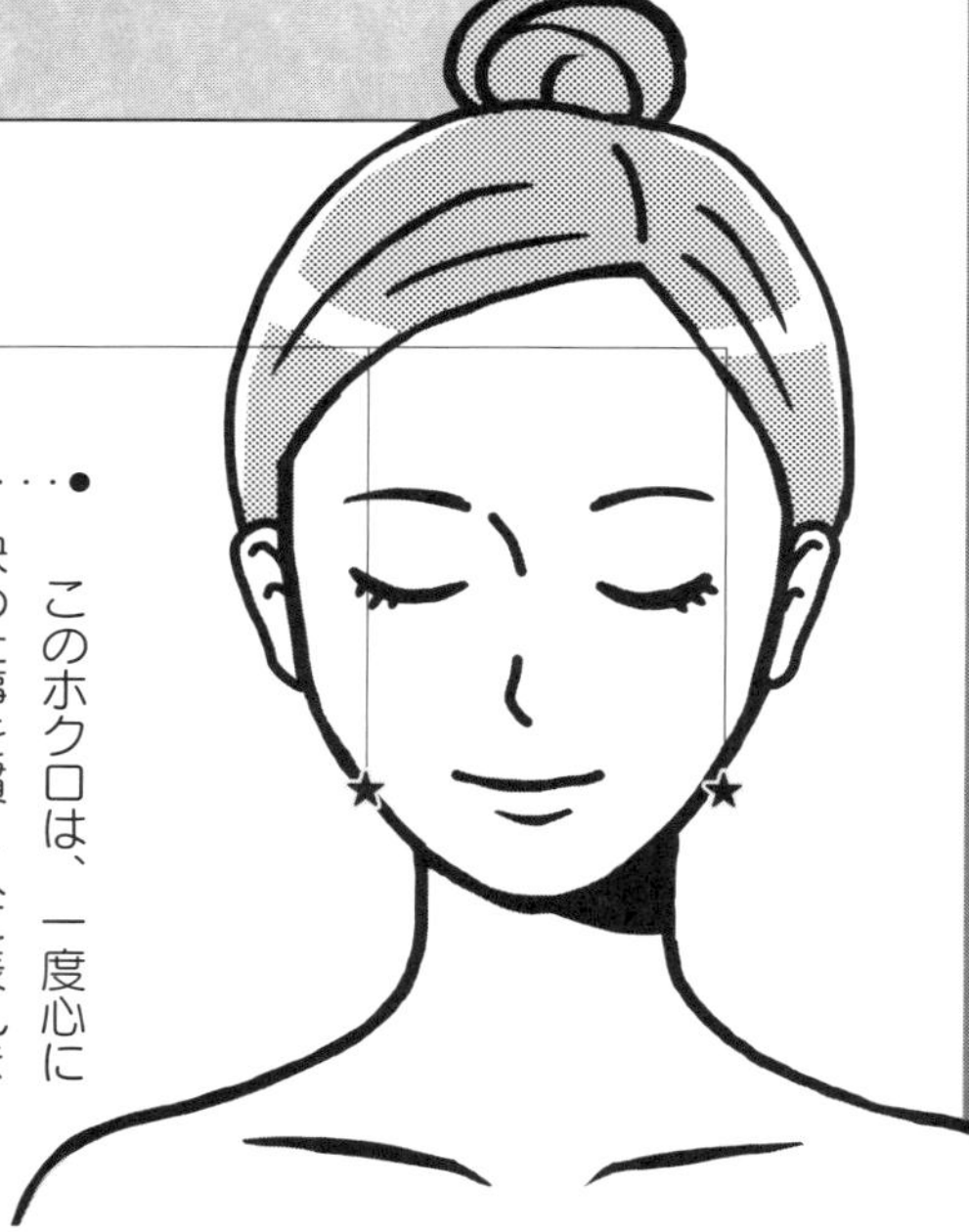


　このホクロは、一度心に決めた事を貫く人に表れます。つまり「初志貫徹ボクロ」であり、自分のペースを大切にし粘り強さで運勢を切り拓いていく力を持っています。

しかし、いい換えると人からの忠告を素直に受け入れない強情さがあるので、意地っ張りや頑固者でもあります。

　あまり我を張りすぎると、せっかくアドバイスや忠告してくれる人もいなくなってしまいます。「短所」は裏を返せば「長所」です。その時、その場に応じた対応を心がけましょう!

　このホクロを持つ有名人が、キング・カズこと三浦知良選手です。日本のサッカー界は三浦選手を抜きには語ることができません! Jリーグ創設の立役者であり、日本がW杯出場するまでの過程を作りあげました。不調時には、いろいろといわれた事もありましたが、

50歳を越えても現役を続ける姿は、大きな感動を与えてくれます。いまでもW杯出場！　という目標を持ち続け、現役を続ける三浦選手なら、夢を叶えられる日が来るかも！

そして、SEKAI NO OWARIのボーカル・Fukaseさんです。Fukaseさんは、独自の世界観に強いこだわりを持っている事で有名です。それをパフォーマンスやステージで実現するためには、手間暇はもちろんお金も惜しまないそうです。6万人を動員した単独フェスでは、総制作費が5億円！以上だったとか。しかし、そのようなFukaseさんのこだわりが、多くのファンを魅了して止まないのでしょう。

このホクロが「死にボクロ」だと、粘り強さがなく、ただ頑固で意地っ張りで扱いづらい人になってしまう恐れもあります。

**★「がんばりボクロ」を持つ有名人★**

三浦和良選手
SEKAI NO OWARI・Fukaseさん
稀勢の里関、杉咲花さん、広瀬アリスさん

**「がんばりボクロ」を持つ人あるある**

- 顔に出てしまう性格だ
- 「頭でっかち！」とよく言われる
- 「自分は自分。人は人」の考えで、自分のペースを乱さない
- 一週間、カップラーメンでも平気だ
- 三年間、石の上でも平気だ

## 良きライバルが わたしを育てる!?

# 33 ライバルボクロ

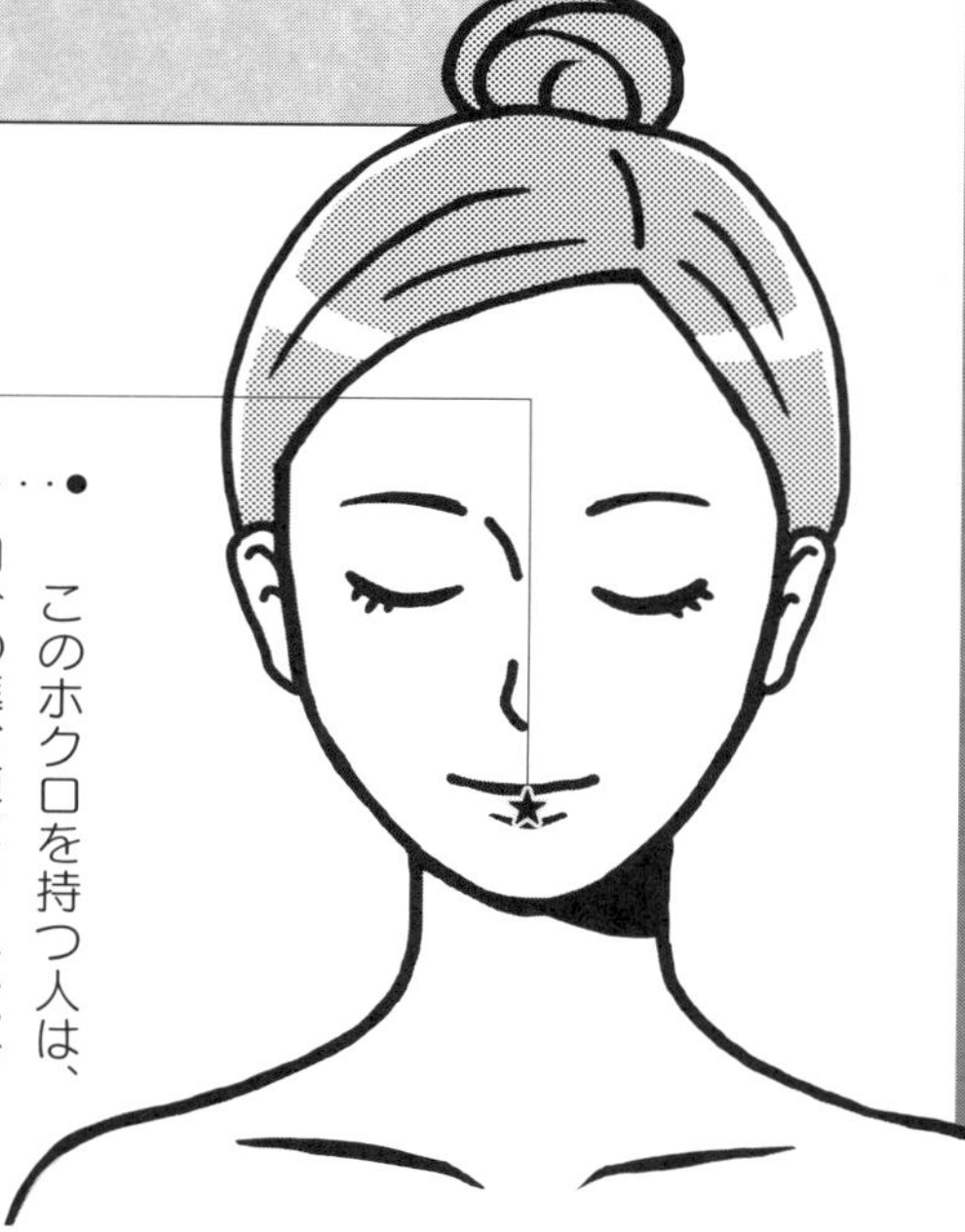

このホクロを持つ人は、自分の進む道にライバルが現れます。ライバルと闘うことで運勢が開けるのです。他人と競い合うことでがんばれる人なので、ライバルが表れた時は辛いかもしれませんが自分を成長させてくれる試練だと思いましょう。

ライバルに出世を妨げられる場合には、自分を支えてくれる人に恵まれることも表してしますのでご安心を！

このホクロを持つ有名人が、女子レスリング・吉田沙保里選手です。女子レスリング個人で世界大会16連覇、個人戦２０６連勝を記録し、「霊長類女子最強」とまで言われる吉田さんに、「ライバルなんていた？」と思われるかもしれませんが……。２０１６年、リオデジャネイロオリンピックで、吉田選手はアメリカのヘレン・マリーレス選手に敗れて、さまざまな記録がストップしました。マリーレス選手は、吉田選手に過去に２度敗れ、徹底的に吉田選手に勝利するための対策を練って、オリンピックに挑んだそうです。そもそもマリーレス選手がレスリングを始めたきっかけは、子供の頃に練習相手のいないお兄さんの相手をするためで、憧れの選手が吉田選手だったとか。マリーレス選手は、過去には山本聖子選手の指導を受けたこともあるそうです。その山本選手は、吉田選手が２０６連勝の記録を作る前、２００１年に最後に負けた相手です。そして２００４年には、吉田選手が勝利して、オリンピック出場を果たしています。一見すると向かう所敵なしの吉田選手には、実はたくさんのライバルたちがいたのです！　それがあっての大記録なのです。

　このホクロが「死にボクロ」だと、自分を支えてくれる人が見つからず、１人でライバルに立ち向かうことになります。

### ★「ライバルボクロ」を持つ有名人★

吉田沙保里選手、嵐・松本潤さん、
関ジャニ∞・丸山隆平さん、
菅野美穂さん、乙葉さん

### 「ライバルボクロ」を持つ人あるある

- 好きになる男性には、必ず恋敵がいる！
- 副キャプテン、副委員長だった
- 芸能人を勝手にライバル視している
- 宮本武蔵に負けた佐々木小次郎の気持ちが分かる
- 東京都に嫉妬する大阪府の気持ちが分かる

# 34 女優・俳優ボクロ

## 表現豊かな女優・俳優さん

このホクロが表れた人は、感情豊かで、喜怒哀楽など、自己表現が上手な人です。感受性が豊かな人なので、いろいろなものを見て、聞いて、感じることで、エネルギーにすることができます。自分が感動し、人を感動させる事によって、運勢が開けます。

　このホクロがある有名人が、深津絵里さんです。数々のドラマ、映画に出演し、日本アカデミー賞も受賞されている深津さん。15歳でスクリーンデビューを果たし、若くして女優の才能を開花させています。三谷幸喜さんは「歌でも芝居でも本当に勘がいい人でした。アドリブも絶対に笑わない。彼女はＮＧも出さない。もう鉄の女、絶対に崩れないタイプ」と、深津さんのことを評価されています。共演経験のある木村拓哉さんからは「深津絵里さん＝女優。優れた女と書いて女優」と言われています。

郵便はがき

102-0072

お手数ですが
切手をお貼り
ください。

東京都千代田区飯田橋2-7-3

# (株)竹書房

# 『スカチャン・宮本の開運！ホクロ占い&メイク』

愛読者係行

アンケートをお寄せいただいた方の中から、抽選で50名の方に、小社の文庫本をお送りいたします。このアンケートは今後、本の企画の参考にさせていただきます。応募いただいた方の個人情報を本の企画以外の目的で利用することはございません。なお、アンケートの〆切は、2018年1月末日到着分まで。発表は発送をもって変えさせていただきます。

| | | B | C |
|---|---|---|---|
| A | フリガナ<br>芳名 | 年齢 歳<br>（生年 ） | 男・女 |

| | | | |
|---|---|---|---|
| D | 血液型 | E | ご住所 〒 |

| F | ご職業 | 1 | 2 | 3 | 4 | 5 | 6 | 7 | 8 | 9 | 10 | 11 | 12 |
|---|---|---|---|---|---|---|---|---|---|---|---|---|---|
| | | 小学生 | 中学生 | 高校生 | 大学生 短大生 | 各種学校 | 会社員 | 公務員 | 自由業 | 自営業 | 主婦 | アルバイト | その他（ ） |

| | | | |
|---|---|---|---|
| G | ご購入書店　区（東京　市・町・村　書店 CVS | H | 購入日　月　日 |

| | |
|---|---|
| I | ご購入書店場所（駅周辺・ビジネス街・繁華街・商店街・郊外店） |
| | 書店へ行く頻度（毎日・週2、3回・週1回・月1回） |
| | 1ヵ月に雑誌、書籍は何冊くらいお求めになりますか（雑誌　冊／書籍　冊） |

●今後、新刊の情報をEメールにてお送りさせていただく場合があります。ご希望の方は以下にメールアドレスをご記入ください。

@

# 『スカチャン.宮本の<br>開運！ホクロ占い&メイク』

竹書房の書籍をご購読いただき、ありがとうございます。このカードは、今後の出版のご案内、また、編集の資料として役立たせていただきますので、下記の質問にお答えください。

| | |
|---|---|
| J | ●この本を最初に何でお知りになりましたか？<br>1 新聞広告（　　　　　　新聞）　2 雑誌広告（誌名　　　　　　）<br>3 新聞、雑誌の紹介記事を読んで（紙名・誌名　　　　　　）<br>4 TV、ラジオで　5 インターネットで<br>6 ポスター、チラシを見て　7 書店で実物を見て<br>8 書店ですすめられて　9 誰か（　　　）にすすめられて<br>10 その他（　　　　　　） |
| K | ●お買い求めの動機は？ |
| L | ●内容・装幀に比べてこの価格は？<br>1 高い　2 適当　3 安い |
| M | ●表紙のデザイン・装幀について<br>1 好き　2 きらい　3 わからない |
| N | ●最近買った書籍のタイトルは？ |
| O | ●本書のご感想をお書きください。 |
| P | ●あなたは今後、どんな作家・タレントの本が読みたいですか？ |

そして、ココリコ・田中直樹さんです。多くのドラマや映画に出演され、その演技力は高く評価されています。そんな田中さんは2001年公開の三谷幸喜監督の映画『みんなのいえ』に出演し、なんと日本アカデミー賞新人俳優賞を受賞されています。

それ以来、俳優としてのオファーが途切れない状態が続いてるんだとか……。

小島瑠璃子さんもこのホクロがあります。バラエティー、グラビアアイドル、スポーツキャスター、司会と幅広いジャンルでの活躍は自己表現の上手さからきているのでしょう。

このホクロが「死にボクロ」だと、気分の波が激しく、周囲の人たちに迷惑をかける可能性があります。周囲の人たちへの気配りを忘れないようにしましょう！

★「女優・俳優ボクロ」を持つ**有名人**★

深津絵里さん、竹内結子さん、
小島瑠璃子さん、古田新太さん、
ココリコ・田中直樹さん

### 「女優・俳優ボクロ」を持つ人**あるある**

- 人間観察が趣味
- 学生時代、先生のモノマネをよくしていた
- 仮病が上手すぎる
- 卒業式で大泣きして男子に引かれる
- 結婚式では、主役より大泣きして全員に引かれる

# 35 不動産ボクロ

**不動産運あり、引越しすることでツキが舞い込む!**

アゴの先

このホクロは、引っ越しすることでツキが舞い込む人に表れます。引越し先での経験がプラスに働いて、運勢が開けるのです。そして、引越しするたびに、住む家のランクを上げていくことで、運気が上がります。土地や建物といった不動産運が良好なので、思わぬことからマイホームを得ることも!

このホクロを持つ有名人が、三浦春馬さんです。番組の企画で自宅を公開されていましたが、とても清潔感のある家でした。実は、ぼくが『笑っていいとも!』に出演した時に、このホクロを見せていただき、ホクロの意味もお伝えしています。もしかすると、それを覚えていてくれて、引越しのたびに住む家のランクを上げているかも⁉ 三浦さんは「ア・ゴージャスボクロ」もお持ちなので、どんどん豪華な家に住まれるでしょう。

そして、木下優樹菜さんです。

木下さんも番組の企画で自宅を公開されていました。広い玄関、広い廊下、広いリビング、広い部屋、広い寝室のとても豪華なマンションにお住いでした。マンションは旦那さんのＦＵＪＩＷＡＲＡ・藤本敏史さんが買われたそうで、藤本さんが35年ローンで79歳になるまで支払うそうです。しかし、藤本さんの部屋は無いそうです……。木下さんには何事に対しても勝気な「21・サクセスボクロ」もお持ちなので、そういう経緯になった理由もうなずけます。

　このホクロが「死にボクロ」だと、現在住んでいる家、もしくは引越し先の家、これから購入する家が欠陥を持っている可能性がありますので、十分に注意してください。住居選びには時間をかけましょう！　また、同棲やルームシェアする場合には、パートナーや同居人に苦労させられることもありますので、気をつけてください！

★「不動産ボクロ」を持つ有名人★

三浦春馬さん、嵐・二宮和也さん、
木下優樹菜さん、B’z・稲葉浩志さん

「不動産ボクロ」を持つ人**あるある**

- 転校が多い家庭環境に育った
- 物件情報を見るのが好き
- 15 回以上の引越しを経験している
- ダンボールに物を入れガムテープを貼る能力が半端ない
- 引っ越し業の会社を設立しちゃった

# 36 リーダーボクロ

## 組織やチームを成功に導くリーダー！

このホクロは、強いリーダーシップを発揮し、組織やチームを成功に導く人に表れます。また、良き後輩や部下などに恵まれ、支えられる人でもあります。誰かを支えるのではなく、誰かの上に立つことで、運勢が開けていく人です。

　このホクロがある人は、「人の上に立ちたくない……」などと、消極的にならないでください。あなたがリーダーになることで、周りの人の運勢も切り拓かれていくのです！　だから、あなたがこのホクロを持っていたら、後輩、部下、年下の人を、積極的にお世話してください。きっと、いつか恩が返ってくるはずです。また、周囲にこのホクロを持っている人が

いて、あなたが後輩、部下、年下でしたら、バックアップしてあげましょう。その人は、きっとなにかを成し遂げて、あなたも恩恵を受けることができるはずです。

　このホクロを持つ有名人が、ダウンタウン・浜田雅功さんです。説明不要と思われますが、キレのあるツッコミで、数々の番組を仕切る浜田さんは、まさしく。バラエティー界のリーダーです。

　そして、秋元康さんです。いまや世界を股にかけるアイドル・AKBグループをまとめあげているだけでも納得ですが、大ベストセラーとなった『もし高校野球の女子マネージャーがドラッカーの「マネジメント」を読んでいたら』の作者である岩崎夏海さんも、元々は秋元さんのブレーンでした。優秀な人の下には優秀な人材が集まるのですね。

　このホクロが「死にボクロ」だと、後輩、部下、年下の人が思うように働いてくれなかったり、失敗の責任を背負わされたりと、苦労させられることになります。

秋元康さん、ダウンタウン・浜田雅功さん、
長谷部誠選手、NMB 48山本彩さん、
杉咲花さん

### 「リーダーボクロ」を持つ人**あるある**

- 部活を引退した後も、後輩の指導のために顔を出す
- 具合が悪くても元気なフリをする
- 年下の彼氏が多かった
- 後輩を集めて自分の軍団を作りたい
- クラスで3番目に可愛い娘を集めてアイドルグループを作りたい

# 37 思春期ボクロ

## 家族や身内に態度が悪い永遠の思春期

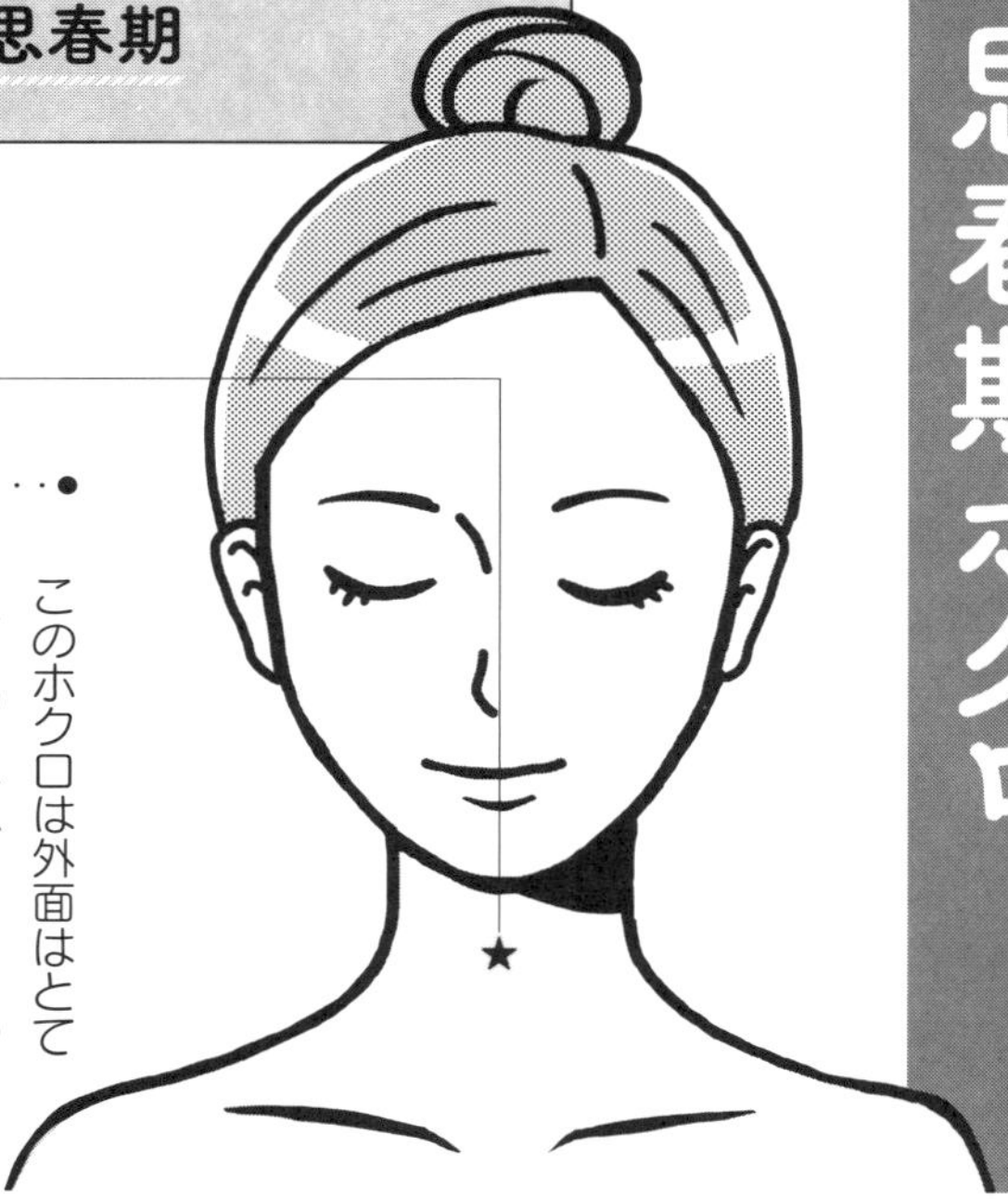

のど仏

このホクロは外面はとても良いのですが、家族や身近な人に対してついつい気が大きくなり反抗的な態度を取る人に表れます。典型的な「内弁慶」で、いつまでたっても反抗期のような人です。この事をあらためないと、愛想をつかされてしまう恐れがあります。親、兄弟、恋人、親友、仕事のパートナーなどなど、周りのすべての人たちに、感謝の意と、気配りを忘れないようにしましょう！

このホクロを持つ有名人が、ますだおかだの岡田圭右さんです。ご自身でも自分の芸風を「スベリ芸」といわれ、コンビのツッコミであるにもかかわらず、ツッコまれまくる岡田さん。底抜けに明るく、温厚な性格で、声を荒げるところなんて見たこともない！ といわれていますが……売れっ子となった長女・結実さんとの共演だけは絶対にＮＧ！ それも岡田家の家訓なんだとか……とても温厚な岡田さんですが、身内にだけは厳しいのかも!?

岡田さんには「19・財テクボクロ」もあります。「岡田さんが財テク？　聞いたことない……」と思われるかもしれません。岡田さんがもっとも投資したもの……それはお子さんです！　2000年生まれの結実さんは、なんと2001年に早くもデビュー！　その後、成長されてからはEテレ出演やジュニアモデルとして活躍し、現在に至ります。長男の隆之助さんも、俳優として活躍されているのです。お子さんへの愛情が、そのまま投資につながっていたのです！　お子さんへの深い愛情と、「思春期ボクロ」がいい相乗効果を生んでいるのかもしれませんね。

このホクロが「死にボクロ」だと、この性格が悪い方向へ進み、身近な人や家族との人間関係のトラブルになる可能性があります。身内に厳しいのもほどほどに！

★「思春期ボクロ」を持つ**有名人**★

ますだおかだ・岡田圭右さん、
トリンドル玲奈さん、阿部サダヲさん、
川越達也さん、成宮寛貴さん

## 「思春期ボクロ」を持つ人**あるある**

- 裏表がある性格
- 家族の前では言いたい放題！　いうタイプ
- 親ににモノを投げつけたことがある！
- 彼氏に回し蹴りをした事がある
- 普段は猫をかぶっているが、正体は暴れん坊将軍

## 38 チヤホヤボクロ

### ついつい誘われちゃう
### 魅惑の人

このホクロは、魅力があり、自然と人づきあいやお誘いごとが多くなる人に表れます。お誘いに参加することで、仕事をもらったり、良い出会いがあったり、運勢が開けていくのです。そのため、どんなお誘いごとでも、一度は断らずに、参加してみると良いでしょう。どこで、いつかは特定することはできませんが、「何か」があなたを待っているのです。

このホクロを持つ有名人が、菜々緒さんです。股下85センチの超絶美脚がトレードマークの菜々緒さんは、ミスセブンティーンの選抜オーディションに応募するものの落選。しかし、翌年にはスカウトを受けるのです。スカウトという「お誘い」に参加したこと

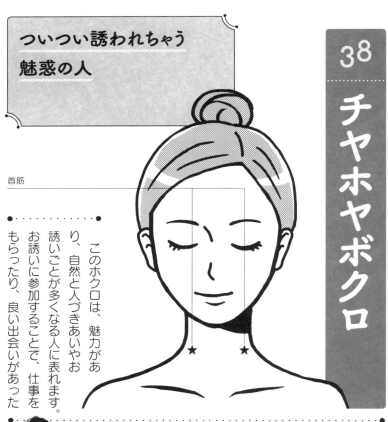

が、成功へと導いたのです。菜々緒さんはナンパされることが多々あるようで、多くのビッグネームから声をかけられたことを語っていらっしゃいます。このホクロが、菜々緒さんをより魅惑的な女性して惹き立たせているのです！

そして、堀北真希さん。堀北さんも、中学2年生の時に部活の帰り道の畑でスカウトされたそうです。ところで、山本耕史さんと、交際0日で結婚されたことで話題になりましたが、２００９年、最初に出会った時には、山本さんから「飲みに行かない？」と誘われても、「行きません」と断り、「電話番号を教えてください」といわれた時には事務所の番号を教えていたそうです……。みなさんもこのホクロを持っているのにお誘いを断っている人がいたら是非、このホクロの意味を伝えてあげてください。

このホクロが「死にボクロ」だと、お誘いごとの期待があまりできず、お金や時間の無駄になる可能性があります。

★「チヤホヤボクロ」を持つ**有名人**★

菜々緒さん、堀北真希さん、
松嶋菜々子さん、
関ジャニ∞・錦戸亮さん、のんさん

**「チヤホヤボクロ」を持つ人あるある**

- 人との出会いをとても大切にしている
- 口癖が「一杯だけ付き合います」
- サッカーの代表戦などは、スポーツバーで大勢の人と見る
- 友達に誘われたコンパで出会った男性と結婚出来た
- 友達に誘われた会食で出会った大富豪の養子になれた

# 39 ドMボクロ

## いつも人のことを考える思いやりが深い人！

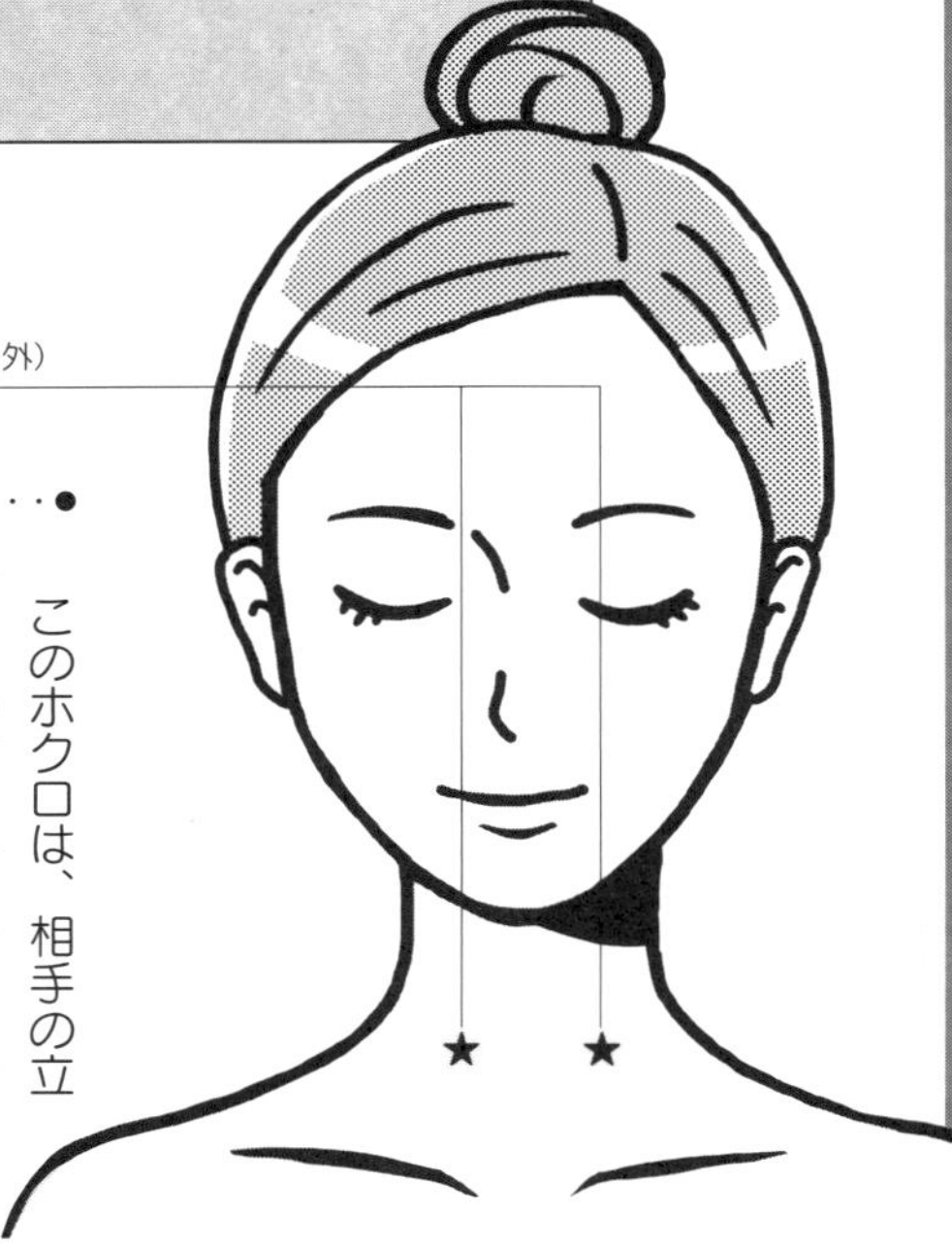

首（のど仏と首筋以外）

このホクロは、相手の立場になって物事を考え、行動ができる、思いやりのある人に表れます。人の良さが評価され、良い異性と出会えたり、良い地位を得たりする幸運の持ち主です。

困っている人を放ってはおけない人なのです。しかも、首なので、とても広範囲のため、ホクロの数が多ければ多いほど、その意味が強くなっていきます。人が良すぎるあまり、頼まれると「NO!」といえなかったり、押しに弱かったりすることも……。そのため、他人に利用される可能性を、いつも頭に入れておいてください。女性の場合、ダメ男にひっかかることも……。

とはいえ、このホクロが表れた人は思いやりのある言動、行動で運気が舞い込みます。「周囲の人を助けること」が開運のキーワードなのです。

このホクロを持つ有名人が、N

EWSの小山慶一郎さんです。NEWSは、リーダー不在のグループだったのですが、「NEWSを守りたい！」という思いから、小山さんがリーダーに立候補したそうです。それに対して、他のメンバーは「おごってくれるならいいよ」という返答だったとか……。ある番組では、「決断力がなくて、いつもメンバーそれぞれの意見に同意してしまうため、「オマエはどっちなんだよ！」と怒られてしまう」と語っていらっしゃいました。小山さんの人の良さは「ドMボクロ」の意味そのものです！

　そして、本仮屋ユイカさんです。ぼくが『ウチのガヤがすみません！』に出演した時に、ホクロの意味をお伝えすると「確かに、好きって言われると好きになるかも!!」とおっしゃられていました。

　このホクロが「死にボクロ」だと、人に騙されたり、思いやりの気持ちが少なかったり、幸運が期待できません！

### ★「ドMボクロ」を持つ有名人★

本仮屋ユイカさん、NEWS・小山慶一郎さん、綾瀬はるかさん、新垣結衣さん、ベッキーさん

### 「ドMボクロ」を持つ人**あるある**

- 飲み会でグラスが空いている人を見つけると、「次は何飲む」と聞く
- 「あたまポンポン」「壁ドン」「アゴくい」されたい願望がある
- 着たくない服なのに店員のゴリ押しで買ってしまった事がある
- 彼氏が自分の財布から金を取っていたけど気づかないフリをしてしまう
- 歴代彼氏は全てヒモ男

# 40 モテモテボクロ

## 人を惹きつけてやまない モテモテ人生！

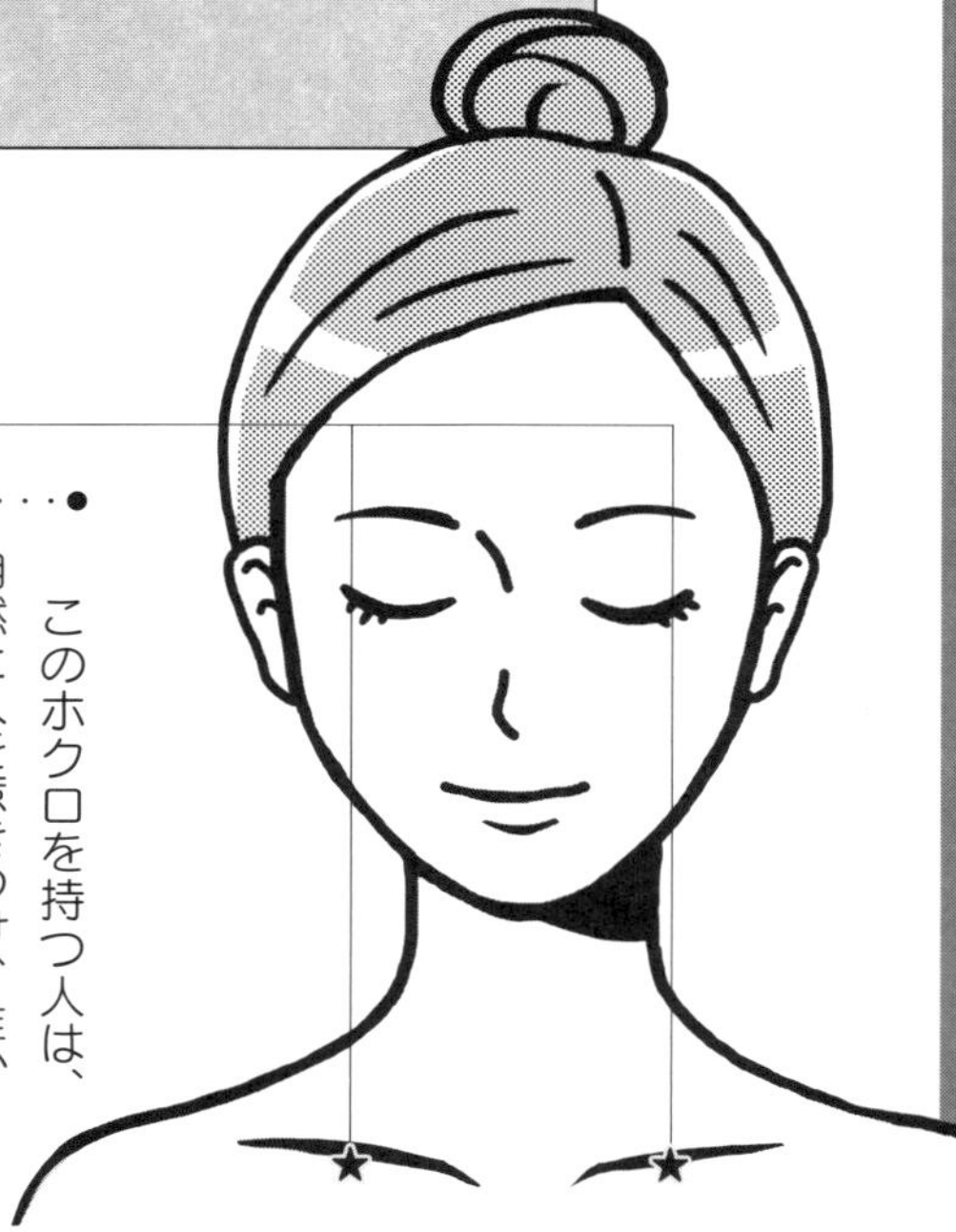


このホクロを持つ人は、自然と人を惹きつけ、誰からも好かれる魅力の持ち主です。交際上手な方で、恋愛感情を抜きにした異性の友達も多い人です。

　このホクロを持つ方は、ホクロが人目につくようにアピールするべきなのです！　恥ずかしがらずに、ホクロが目立つような服を着て、見せていきましょう!!　きっと多くの人を魅了し、運勢も開けていくはずです。

　このホクロを持っている有名人が上戸彩さんです。上戸さんは「タレントCM起用社数ランキング」で、２００９～１０年２年連続で女性部門１位になりました。２０１５年にも１位に返り咲き、大きな話題になりました。「明るく親しみやすいキャラクターが性別や世代を越えて支持を得ている」「流行り廃りに関係なく安定した人気がある」「パブリックイメージがある」などなど、ＣＭに起用される理由のすべてがうなずけます。

そして、宮沢りえさんです。２０１７年の第40回日本アカデミー賞にて『湯を沸かすほど熱い愛』で最優秀主演女優賞を受賞され話題になりました。２００３年の第26回『たそがれ清兵衛』、２０１５年の第38回『紙の月』と、通算3度目も最優秀主演女優賞受賞理由は、演技力ももちろんですが、宮沢さんの魅力あってのものでしょう。宮沢さんが、１９９１年に出された写真集は１５５万部の大ベストセラーで、写真集売り上げの記録はいまだに破られていません。

このホクロが「死にボクロ」だと、自分が距離を置きたい人を惹きつける可能性があるので、注意してください。

★「モテモテボクロ」を持つ**有名人**★

上戸彩さん、宮沢りえさん、
土屋太鳳さん、菅田将暉さん、
三浦春馬さん

「モテモテボクロ」を持つ人**あるある**

- 誕生日になると、お祝いの連絡でいっぱいになる
- 飲食店で、なぜかサービスされる
- インスタグラムの「いいね！」が多い
- いつの間にか自分のファンクラブが発足されていていた
- モテ過ぎてボディーガードを雇っている

COLUMN 1

## 気になるホクロはどうすればいいの？

さて、ご自分のホクロの持つ意味がお分りいただけたでしょうか？「ダメンズばかりを好きになってしまうのは、あのホクロが警告してくれていたのかな？」「初対面の人に、なぜかチャラく見られてしまうのは、あのホクロが影響していたのかも……」

いろいろと思い当たる節がある方もいらっしゃるのではないでしょうか？　では、ホクロが気になる場合、どうすればよいでしょうか？

良い意味を持つホクロは、そのままにして、他人の目に映るようにすると良い運が舞い込みます。たとえ気になったとしても、良い意味を持つホクロを取ってしまうことをオススメすることはできません。良い意味を持つホクロで、色の薄い「死にボクロ」であれば、濃くするメイクを心がけると良いでしょう。

逆に、悪い意味を持つホクロは、お化粧したり、衣類を使って隠したりして、他人の目に映らないようにした方が良い運が舞い込みます。ホクロの悪い意味を知った上で、ホクロを除去するのは、「変わりたい」というあなたの意志の表れでもあります。しかし、意味を知らずに除去するのは、あまり意味がなく、悪いホクロの意味も残ってしまいます。

例えば、椎名林檎さん。椎名林檎さんの唇とアゴの間にある黒々したホクロは「34・女優・俳優ボクロ」で、喜怒哀楽の感情表現がとても上手な方です。椎名林檎さんの様なエンターティナーには、大事なホクロなのです。しかし、以前は、椎名林檎さんのトレードマークともいえた左ほうれい線上にあるホクロを覚えていらっしゃるでしょうか？　あのホクロは生まれつきあったものではありません。ご本人曰く、「小学校時代にマドンナや女優・沢口靖子さんのように口元にホクロをある女優に憧れて、ペンで書いたら本物になった」のだそうです。ちなみに、椎名林檎さんがホクロメイクしたのは「27・灯台下暗しボクロ」です。その意味を知ってか知らずか、2003 年に手術でこのホクロを除去したそうなので、開運のための除去だったのかもしれません。

気になるホクロを見せていくのか、隠すのか……。ホクロの意味を知った上で行動すれば、きっと幸運がつかめるはずです！

# 耳のホクロ占い

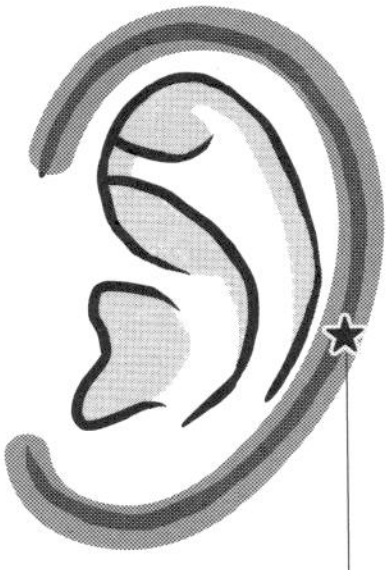

耳のふち（内側以外）

## A 天然ボクロ

### うっかりミスに要注意！

このホクロは、天然な人に表れます。仕事で思い違いをして、うっかりミスをしてしまうなど、おっちょこちょいな人に多いホクロです。そのような性格から、周りの人に愛されることも多い人です。

このホクロを持つ有名人が、トレンディエンジェル・斎藤司さんです。斎藤さんが、明石家さんまさんと共演した時、緊張しすぎてイスにぶつかり、イスにむかって、「すみません！」と謝ってしまったというエピソードがあります。

逆に「死にボクロ」だと、些細なミスから周りの人を怒らせてしまう可能性があります。

★「天然ボクロ」を持つ**有名人**★ トレンディエンジェル・斎藤司さん、りゅうちぇるさん

### 「天然ボクロ」を持つ人**あるある**

- よく人にぶつかる
- コンビニで買った商品を受け取らずに帰ったことがある
- 人がカラオケで歌っているのに、演奏中止ボタンを押して変な空気にしてしまったことがある
- カップ焼きそばの湯切りが下手で、中身までぶちまけたことがある
- パジャマのまま職場に行って爆笑をとった事がある

# B ドSボクロ

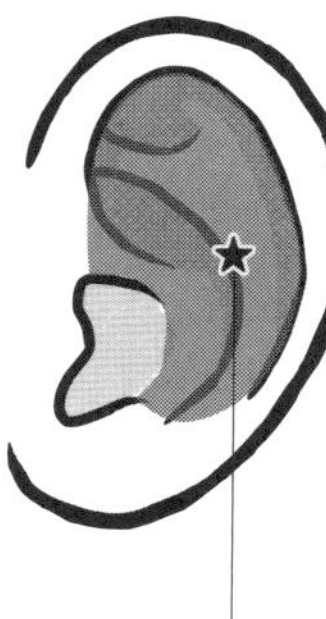

耳の内側

## プライドが高く、我が強い人！

このホクロが表れた人は、プライドが高く、我が強い人です。負けたままで終わることは、自らの美学に反し、勝つためには努力を惜しまないストイックな人です。

　このホクロを持つ有名人が、サッカー日本代表・長谷部誠選手です。理想を実現するために、人の何十倍もの練習を重ね、徹底的に自分を追い込む姿勢は、まさに「ドS」そのもの！ そのストイックな姿は「日本代表史上最高のキャプテン！」と評価されているのもうなずけます。

　このホクロが「死にボクロ」だと、謙虚さを忘れ、自信過剰となり、周りのことなどおかまいなしにふるまう恐れがあるので、気をつけましょう！

★「ドSボクロ」を持つ**有名人**★　長谷部誠選手、小久保裕紀監督、ビートたけしさん

### 「ドSボクロ」を持つ人**あるある**

- 自分に厳しく、人にも厳しい！
- 持ち上げられると喜ぶ。いわゆる「褒めて伸びる」タイプ！
- 寝ずに頑張るので常に目の下にクマが出来ている
- サウナに入ると、周りの人が出るまで出ないので脱水症状を起こす
- 心を常に整えている

# C クリエーターボクロ

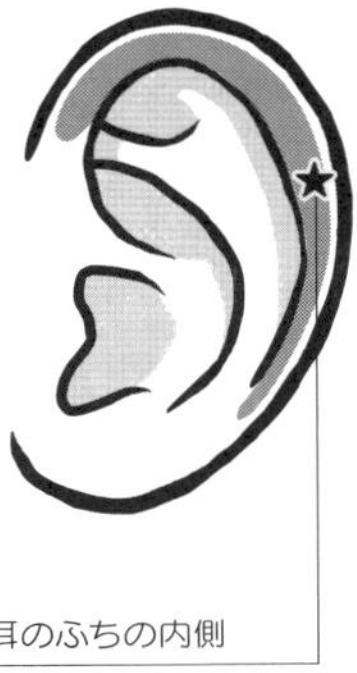

耳のふちの内側

## 湧き出るアイデアを生かして大成功！

このホクロが表れた人は、頭の回転が早く、鋭い勘と、素晴らしいアイデアの持ち主です。湧き出るアイデアを活かせば、大成功をおさめることができます。自分の発想やアイデアが、周りに反対されても、貫き通すことで運勢が開けるのです。

このホクロを持つ有名人が、安倍晋三内閣総理大臣です。経済政策では「アベノミクス」という言葉を生み出し、日本経済を持ち直させたのは、アイデアマンだからこそのなせるワザ！

このホクロが「死にボクロ」だと、湧き出たアイデアが失敗につながる恐れがあるので、周りの人によく相談してから実行してください。

★「クリエーターボクロ」を持つ**有名人**★ 安倍晋三総理大臣、ココリコ・田中直樹さん、バイキング・小峠英二さん

### 「クリエーターボクロ」を持つ人**あるある**

- 直感、第六感が働く
- 飲食店で、バイトなのにメニュー作りを任される
- 「どうして？」「なぜ？」が口癖
- 「きゅうり＋ハチミツ＝メロン」のような食べ合わせを考えるのが好き！
- 自宅に実験部屋がある

D

# スカスカボクロ

## 子孫に謝る!? 遺産を残せない恐れあり!!

このホクロは、金運を表していて収入が多くなります。ですがその分、出費も多くなる人に表れます。そのために、遺産を残せない可能性がある人です。

このホクロを持つ有名人が、岸部四郎さんです。岸部さんは貯金が苦手な上に、人が良すぎて、次々に連帯保証人を引き受けたり、事業が失敗したりして、約20億円の借金を抱えて、自己破産されています。

このホクロがある方は、お金をコントロールする力を身につけてください！　このホクロが「死にボクロ」だと、想像もつかないほどの悪い結果になることもありますので、要注意を！

★「スカスカボクロ」を持つ**有名人**★　岸部四郎さん

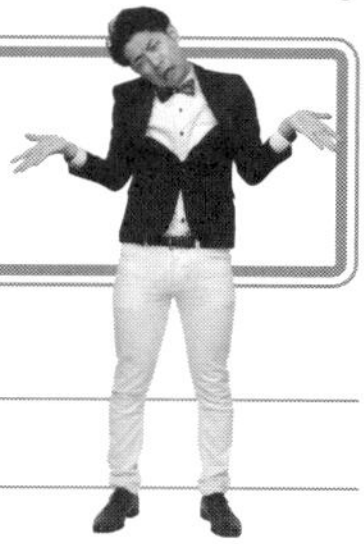

### 「スカスカボクロ」を持つ人**あるある**

- 保証人になったことがある
- クレジットカードのことを「魔法のカード」と呼んでいる
- 家賃滞納して、大家さんからブチキレられる
- ネットカフェが家だ
- お金が無くてもホストでシャンパンタワー

# E リッチボクロ

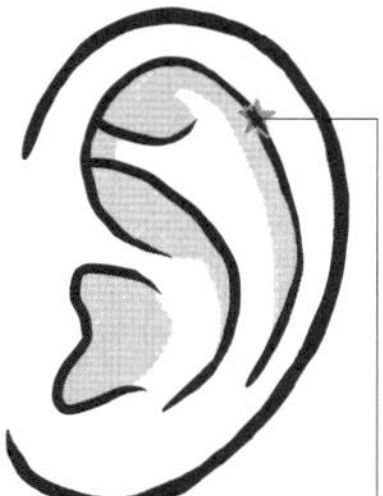

耳の裏の上部

## 一生を通じてお金に困らない！

このホクロは、お金に不自由しない人に表れます。一生を通じて、お金に困らない、金運を持っています。

このホクロを持つ有名人が、笑福亭鶴瓶師匠です。鶴瓶師匠に関する有名なエピソードがあります。師匠がまだ小学校の頃、近所のおじさんに適当に馬券を指定するように言われ、おじさんがその馬券を購入すると、なんと万馬券に！　昔から金運が良かったことがわかります。

このホクロが「死にボクロ」だと、時期によってはお金に苦労する可能性があります。

★「リッチボクロ」を持つ**有名人**★　笑福亭鶴瓶さん

### 「リッチボクロ」を持つ人**あるある**

- お金に困った思い出がない
- タニマチ、パトロンがいる
- 家はタワーマンション、愛車はベンツ、時計はロレックスだ
- 道端でダイヤモンドを拾ったことがある
- 一万円札の束で汗を拭いている

# F 運気UPUPボクロ

耳たぶの裏

## すべての面での幸運をもたらす最強ボクロ！

金運、仕事運、恋愛運、健康運など、すべての運で、幸運をもたらすホクロです。このホクロを持つ方は、自分の思うがままに、人生を楽しんでください！

いままで延べ3、000人以上のホクロを見てきましたが、とても珍しいプレミアボクロのため、このホクロがあったのはたった1人しかいません。「ザキヤマ」さんこと、アンタッチャブル・山崎弘也さんです！　ザキヤマさんは、どんな仕事に就いても大成功されたと思います!!

ただ、このホクロが「死にボクロ」だと、幸運が期待できません。せっかくの良い運勢を活かせなくては、宝の持ち腐れになってしまいます。

★「運気UPUPボクロ」を持つ有名人★

アンタッチャブル・山崎弘也さん

**「運気UPUPボクロ」を持つ人あるある**

- 根拠はないが、自信に満ち溢れている
- おみくじでは「大吉」しかでたことがない
- 買い物のおつりが777円のことがよくある
- よく卵に黄身が二つ入っている
- ガリガリ君が当たり続けるのでなかなか家に帰れない

# G 親子ゲンカボクロ

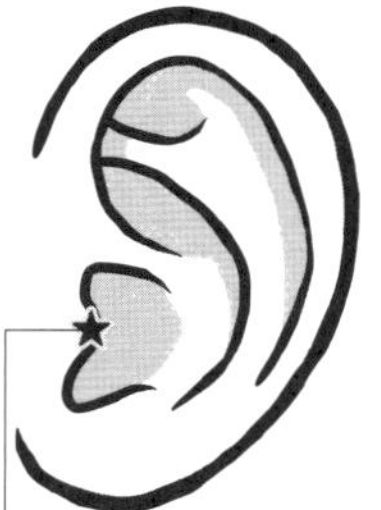
耳の穴の前の
でっぱっているところ

## なぜか親の事が大嫌い!?

このホクロは、親と意見があわなかったり、恋愛問題でもめたりする人に表れます。「生きボクロ」であれば、親と対立することで、より深い絆を築けることを表しています。

このホクロを持つ有名人が、体操の内村航平選手です。内村選手は、お母さんの熱烈すぎる応援をウザがり、泣かせてしまったというエピソードがあります。いろいろな出来事を経て、いまは良好な親子関係になっているそうです！

このホクロが「死にボクロ」だと、親子の対立が長期的だったり、最悪の場合、親子の縁を切られたりする恐れまであります！

★「親子ゲンカボクロ」を持つ**有名人**★　内村航平選手

### 「親子ゲンカボクロ」を持つ人**あるある**

- 長年、親と会っていない
- 親には、自分の仕事を反対されている
- 親とつかみ合いのケンカをしたことがある
- お母さんに対して「クソババア！かかって来いや」と言ったことがある
- 実家に彼氏を連れて行った時、親に塩を撒かれて追い返されたことがある

COLUMN 2

## ホクロからのメッセージをよりよく受け取るために……

ある番組で、元フィギュアスケート選手・村主章枝さんは「顔のホクロを取ったのは、取ると運気が変わると聞いたから。ホクロを取ることで顔の中心のバランスも整った」と発言されていました。村主選手がとったホクロは、「27・灯台下暗しボクロ」です。村主選手は、右股関節故障の経験もあるので、除去されたことはとても良い判断だったと思います。同じく、「27・灯台下暗しボクロ」があるのが、メジャーから日本プロ野球界に復帰した松坂大輔選手です。肩の故障に悩まされ続け、状態が良くなってきてはいられますが……下半身の故障にも気をつけてほしいと思います。

さて、松坂選手の顔には、現在、たくさんのホクロが表れています。しかし、「怪物」といわれた甲子園時代から、西武ライオンズに入団された頃の顔を見ると、ホクロがほとんど見当たりません。松坂選手には、ホクロからたくさんのメッセージが伝えられていると思えてしまいます。現在、二刀流で大活躍の大谷翔平選手にもホクロがほとんど見つけられません。今後、大谷選手にはどのようなホクロが表れてくるのでしょうか？

ホクロからのメッセージをよりよく受け取るために、いまのホクロを見るだけではなく、過去の自分の写真を用意してみてください。まえがきでも書きましたが、ホクロはだいたい20歳くらいまでに表れるので、20歳前後の写真を1枚。そして、25歳以上の方は3年くらい前の写真。そして、自分のいまの顔を見比べてみてください。どのホクロが増えましたか？　逆にどのホクロが消えたり、薄くなったりしましたか？その頃に自分に何があったかを思い出してみてください。恋人と出会えた、進路が決まった、身内に不幸があった……などなど、いろいろなことがあったのではないかと思います。

どなたでも写真は持っていますよね？　このようなことができるのは、「ホクロ占い」だけの特徴です。ホクロを見れば、どうして不幸だったのか、そして、これからどうすれば幸運をつかみとれるのか、きっと自分でもわかるはずなのです。ボディのホクロも同様です。いつのまにかホクロが増えたか、なくなったか。その時、自分になにがあったかを思い出してみてください。では、みなさん、ホクロからのメッセージを受け取り、素晴らしい人生を過ごしてください！

CHAPTER.2

# 身体のホクロ占い

身体のホクロもさまざまな意味を持っていますので、
簡単に紹介していきましょう！
身体のホクロにしかない意味もあれば、顔のホクロと
同じような意味を持つホクロもあります。
「やりたいホクロメイクがあるんだけれど、私には似合わない
かな……」という人は、同じような意味を持つ身体の部位に、
おまじない的にホクロを書いてみては？
また、身体の部位は広いため、ホクロの数は顔よりも
多くなります。数が多くなればなるほど、
その意味は強くなると考えてください!!

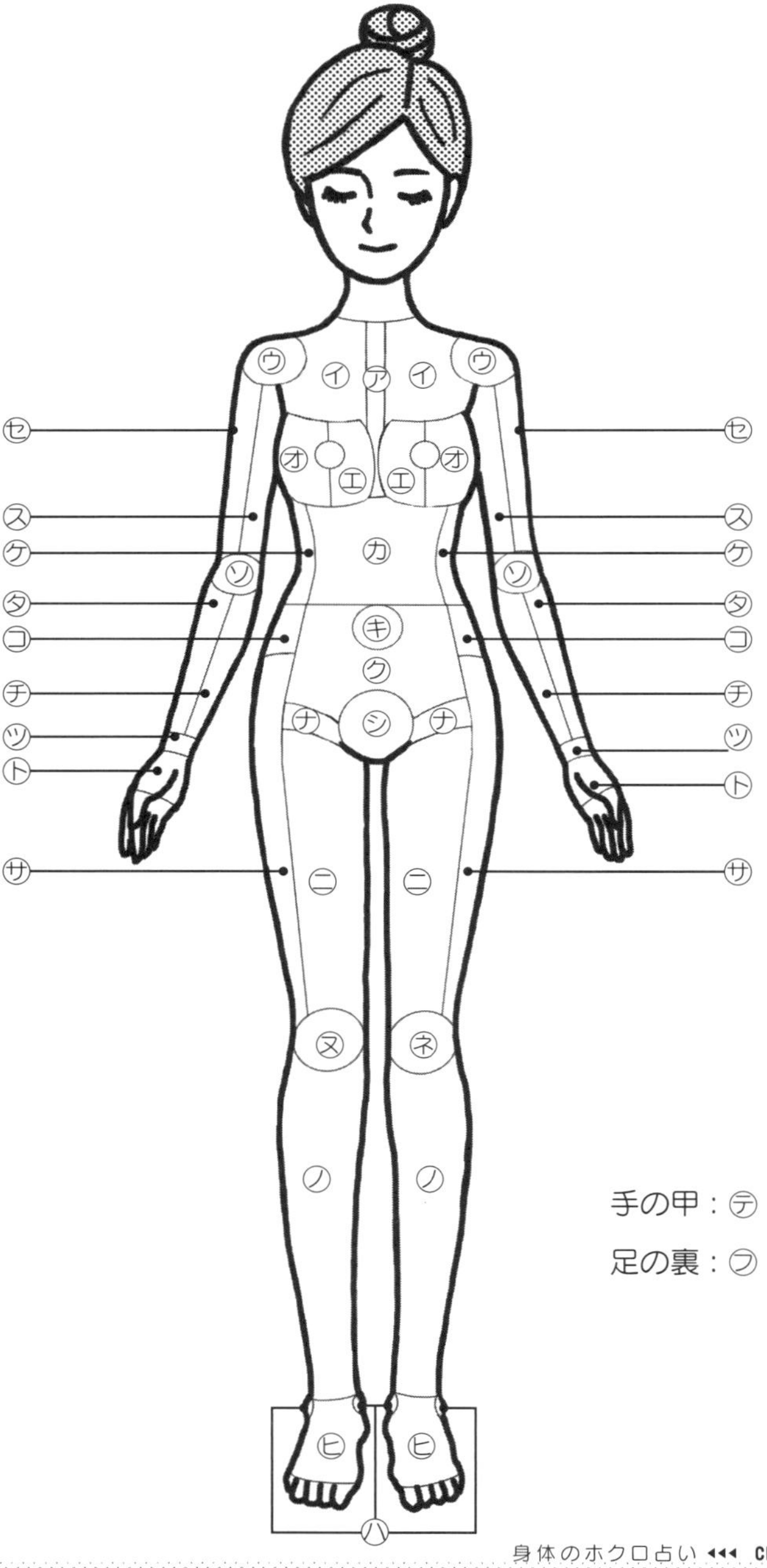
ア
イ
ウ
エ
オ
カ
キ
ク
ケ
コ
サ
シ
ス
セ
ソ
タ
チ
ツ
ト
ナ
ニ
ヌ
ネ
ノ
ハ
ヒ
手の甲：テ
足の裏：フ

## フロント

㋐▼胸の真ん中

●「**飽きっぽいボクロ**」

情熱的ですが、飽きっぽいところがある人に表れるホクロです。恋愛においても趣味においても、鉄のように熱しやすく冷めやすい人です。いろいろなことに興味を持つタイプの人でもあります。

同じような意味を持つ顔をホクロ

**⑫・すきま風ボクロ**

㋑▼胸

●「**仏様ボクロ**」

年齢を重ねるごとに仏様のように、慈悲深くなる人に表れるホクロです。心優しく、人間にも動物にも愛情を注げる人です。

同じような意味を持つ顔のホクロ

**該当なし**

㋒▼肩

●「**期待ボクロ**」

大きな期待を持たされる人に表れるホクロです。時には、その期待がプレッシャーになり、押しつぶされることもありますが、それに耐えて期待に応えることができれば、運勢が開けます。

同じような意味を持つ顔のホクロ

**⑮・カリスマボクロ**

㋓▼乳房の谷間側

●「**肉食系恋愛運UPボクロ**」

このホクロが表れた人は、よい恋愛に恵まれます。好きな人に自分から積極的にモーションをかけつづければ、良い結果が得られることを表します。

同じような意味を持つ顔のホクロ

**⑯・ラブラブボクロ**

㋔▼乳房の脇の下側

**●「草食系恋愛運UPボクロ」**

このホクロが表れた人は、よい恋愛に恵まれます。自分のことを求めてくれる異性と恋をすれば、良い結果が得られることを表しています。

**⑯・ラブラブボクロ**

同じような意味を持つ顔のホクロ

㋕▼上腹部

**●「天職ボクロ」**

自分のやりたい仕事をやればやるほど、大きな収入を得ることができます。胸に近ければ近いほど、ホクロの数が多ければ多いほど、意味は強くなります。

**㉙・ポジティブボクロ**

同じような意味を持つ顔のホクロ

㋖▼おへその周り（約1センチ）

**●「仕事運UPボクロ」**

このホクロは仕事運が強いことを表します。目上の人にかわいがられ、引き立てられ、成功をおさめます。根気があり、じっくりと仕事ができる人なので、周囲の人からの信用も得られ、実力をつけ、出世するでしょう。

**㉑・サクセスボクロ**

同じような意味を持つ顔のホクロ

㋗▼下腹部

**●「テクニシャンボクロ」**

Hの時、テクニシャンの素質を持つ人に表れるホクロです。年を重ねるごとに、Hのテクニックに磨きがかかり、相手を喜ばせることができるでしょう。

**㉓・小悪魔ボクロ**

同じような意味を持つ顔のホクロ

㋘▼脇の下から脇腹まで（前後）

●「**ボランティアボクロ**」

世話好きなタイプで、縁の下の力持ちのような存在になれます。日頃の行いが功を奏して、周囲の人も助けてくれるでしょう。

同じような意味を持つ顔のホクロ

**㉖・ハッピーボクロ、㊴・ドMボクロ**

㋙▼腰骨

●「**お仕事トラブルボクロ**」

仕事の悩みやトラブルが起きやすいことを表しています。就いている仕事が合わない、仕事の人間関係がうまくいかない、重大なミスを犯してしまうなど、仕事に関することに、注意してください。

同じような意味を持つホクロ

**②・トラブルボクロ**

㋚▼お尻・太ももの外側

●「**ストーカーボクロ**」

好きでもない相手に好かれる可能性があります。ストーカーに発展する可能性もあるので、気をつけて下さい。

同じような意味を持つ顔のホクロ

**該当なし**

㋛▼大事なところ

**コラム3（P118）を参照してください！**

㋜▼肩から肘の間の内側

●「**忍耐ボクロ**」

忍耐強く、少々の困難ではヘコたれない人に表れるホクロです。部下にとってはとても頼もしい上司になります。

同じような意味を持つ顔のホクロ

**㊱・リーダーボクロ**

㋝▼肩から肘の間の外側

●「**八方美人ボクロ**」

誰に対しても愛想のよい人に表れるホクロです。まさしく八方美人な人です！　自分の利益のある相手と親密な関係を持とうとする要領の良さもありますので、あまり露骨にならないように注意してください！

**㊳・チヤホヤボクロ**

同じような意味を持つ顔のホクロ

㋞-A▼男性の左肘まわり、女性の右肘まわり

●「**晩婚ボクロ**」

多少、晩婚になる人に表れるホクロです。しかし、やがて、自分と相性の合う人が現れて、結婚した後は幸せな生活ができるでしょう。

同じような意味を持つ顔のホクロ

**該当なし**

㋞-B▼男性の右肘、女性の左肘

●「**恋愛スッキリボクロ**」

恋愛がよい思い出になるタイプの人に表れるホクロです。恋愛パートナーとケンカしても、すぐに仲直りができたり、別れることになっても、キレイな別れ方ができるホクロです。

同じような意味を持つホクロ

**該当なし**

㋟▼手首から肘までの外側

●「**大器晩成ボクロ**」

このホクロが表れた人は、時間はかかりますが、夢や目標に対する努力や苦労が報われる大器晩成タイプです。持ち前の粘り腰で、きっとよい結果を得るでしょう。

同じような意味を持つホクロ

⑤・**朝ドラボクロ**、⑱・**コツコツボクロ**

㋠▼手首から肘までの内側

●「**人情ボクロ**」

このホクロが表れた人は、義理人情を大切にする人情家タイプです。心ある人付き合いをしていけば、恩に背かれることはないでしょう。

同じような意味を持つホクロ

⑥・**フレンドボクロ**、㊴・**ドMボクロ**

㋡▼手首

●「**七転八起ボクロ**」

苦労は多いですが、仕事の結果がでる人に表れるホクロです。人の世話や、人の嫌がることを率先してやると、良い結果につながるでしょう。

同じような意味を持つ顔のホクロ

⑮・**カリスマボクロ**

㋢▼手の甲

●「**デリケートボクロ**」

デリケートで、やや神経質なタイプの人に表れるホクロです。考えすぎ、悩みすぎに注意してください。

同じような意味の持つ顔のホクロ

⑩・**奥手ボクロ**

㋣-A▼手のひらでグーの形にした時に中に隠れるホクロ

●「**ゴールインボクロ**」

このホクロが表れた人は、幸運をつかみとれることを表しています。有名な某不動産会社社長さんにもこのホクロがあり、「この事業を始めた途端に、このホクロができた」とおっしゃっていました。

同じような意味を持つ顔のホクロ

Ⓕ・**運気UPUPボクロ**

㋣-B▼手のひらでグーの形にしても見えているホクロ

●「**ラストスパートボクロ**」

このホクロが表れた人は運は持っている人です。あとは自分自身の努力のみ！　ラストスパートをかけるのはあなた次第です！

同じような意味を持つ顔のホクロ

**⑱・コツコツボクロ**

㋤▼ももの付け根（前後）

●「**努力家ボクロ**」

辛抱強い努力家タイプの人に表れるホクロです。派手さはありませんが、仕事には前向きに取り組み、コツコツと地味な努力を重ねることができます。このことが功を奏して、出世が早く、大きな収入を得ることができます。

同じような意味を持つ顔のホクロ

**⑱・コツコツボクロ**

㋥▼太もも（前後）

●「**押しに弱いボクロ**」

押しに弱く、断れないタイプの人に表れるホクロです。性欲も強いため、肉体関係を持つことにつながりやすいです。

同じような意味を持つ顔のホクロ

**㊴・どMボクロ**

㋦▼右ヒザ

●「**独身ボクロ**」

独身期間が長い人に表れるホクロです。ホクロの位置がヒザの真ん中を外れれば外れるほど、結婚の時期が早まります。

同じような意味を持つ顔のホクロ

**該当なし**

㋧-A ▼男性の左ヒザ

●「**仕事成功ボクロ**」

男性にこのホクロが現れた場合、仕事で成功する証です。仕事に打ち込む情熱やバイタリティがあり、目覚ましい業績をあげることでしょう。

同じような意味を持つ顔のホクロ

**㉑・サクセスボクロ**

㋧-B ▼女性の左ヒザ

●「**職場の華ボクロ**」

女性の場合は、職場の人気者、マスコット的な存在になれる人に表れます。職場を華やかにする天性の明るさに加えて、気づかいができ、仕事をこなすことができる人です。

同じような意味を持つ顔のホクロ

**㊵・モテモテボクロ**

㋨ ▼すね

●「**住まい運ボクロ**」

このホクロが表れた人は、住まい運に恵まれることを表します。苦労せずに、自分にあった物件を見つけることができるでしょう。

同じような意味を持つ顔のホクロ

**㉟・不動産ボクロ**

㋩-A ▼男性のくるぶし

●「**仕事ドジボクロ**」

男性にこのホクロが表れた人は、仕事でドジを踏む恐れがあります。誤解を招きやすいタイプでもあるので、くれぐれも注意してください。

同じような意味を持つ顔のホクロ

**Ⓐ・天然ボクロ**

### ㋩−B▼女性のくるぶし

●「**夫不運ボクロ**」

このホクロの表れた女性は、夫とのトラブルが起こります。夫の浮気で悩まされたり、夫婦ゲンカが絶えなかったりするので、結婚のパートナー選びは慎重に！

**⑫・すきま風ボクロ**

同じような意味を持つ顔のホクロ

### ㋪▼足の甲（くるぶし、かかと以外）

●「**束縛ボクロ**」

このホクロが表れた人は、とても独占欲が強い人です。所有欲が強く、人を自分の下に置きたがります。しかし、その分、人を守るタイプでもあります。バランスがとれるように心がけましょう。

**㊲・思春期ボクロ**

同じような意味を持つ顔のホクロ

### ㋫▼足の裏

●「**家庭円満ボクロ**」

このホクロが表れた人はとても家庭運が強い人です。少しくらいの苦労があっても乗り越えて、幸せな家庭を築くことができるでしょう。

**⑯・ラブラブボクロ**

同じような意味を持つ顔のホクロ

## バック

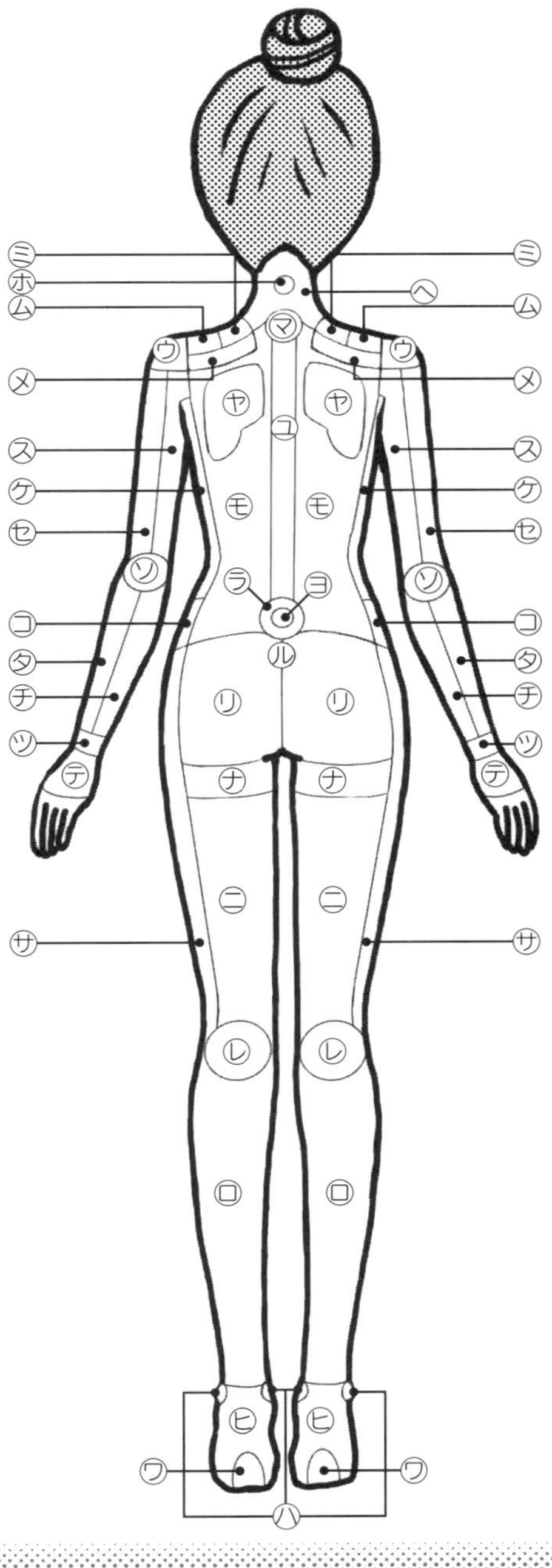


ヘ-A▼男性の首の裏

●「**強引ボクロ**」

男性の場合、独りよがりな人に表れるホクロです。独断的だったり、強引なやり方をして、失敗につながる可能性が高いので、注意してください。

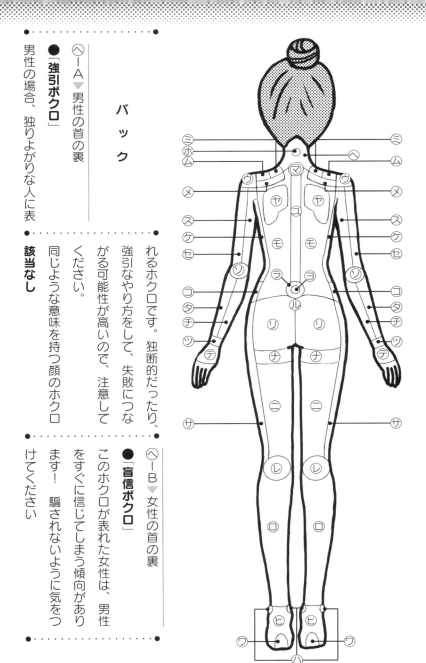

同じような意味を持つ顔のホクロ

**該当なし**

ヘ-B▼女性の首の裏

●「**盲信ボクロ**」

このホクロが表れた女性は、男性をすぐに信じてしまう傾向があります！　騙されないように気をつけてください

同じような意味を持つ顔のホクロ

**該当なし**

㋭▼首の裏のぼんのくぼ

●「**若気の至りボクロ**」

Hの快楽を求める人に表れるホクロです。自分にぴったりの相手が見つかると、周りが見えなくなるくらい溺れてしまいがちなので、注意してください！

同じような意味を持つ顔のホクロ

**⑬・ゲスボクロ、㉚・グルメボクロ**

㋮▼脊髄の上部

●「**出世ボクロ**」

このホクロが表れた人は、とても強い運の持ち主です。出世も早く、実力や才能を発揮できる場を手に入れることができるでしょう。

同じような意味を持つ顔のホクロ

**㉔・ワンチャンスボクロ、Ⓒ・クリエーターボクロ**

㋯▼首の肩に近い部分

●「**無礼者ボクロ**」

このホクロが表れた人は、目をかけてくれた先輩や上司の気分を害するような失敗をしでかす可能性があるので、注意してください。

同じような意味を持つ顔のホクロ

**①・うっかりボクロ**

㋰▼肩と首の中間あたり

●「**友人巻き添えボクロ**」

このホクロが表れた人は、友人の巻き添えによって、トラブルに巻き込まれ、自分の信用を落としてしまうことがありますので、注意してください。

同じような意味を持つ顔のホクロ

**②・トラブルボクロ**

㋱▼肩の後ろ

**●「贅沢好きボクロ」**

このホクロは、贅沢好きな人に表れます。友人に大盤振る舞いしたり、良い生活を自慢したがる傾向があります。

同じような意味を持つ顔のホクロ

**⑦・ゴージャスボクロ、Ⓓ・スカスカボクロ**

㋲▼背中

**●「自立ボクロ」**

このホクロが表れた人は、他人の力を頼らず、何事も自分で成し遂げようとする人です。ホクロの数が多ければ多いほど、その意味が強くなります。

同じような意味を持つ顔のホクロ

**該当なし**

㋳▼肩甲骨

**●「人脈ボクロ」**

差別なく、誰とでも仲良くなれる人に表れるホクロです。交際上手で、広い人脈の持ち主です。人脈を活かし、仕事も恋愛も上手くいくでしょう。

同じような意味を持つ顔のホクロ

**該当なし**

㋴▼脊髄

**●「スターボクロ」**

華やかな業界に向いている人に表れるホクロです。サラリーマンになるには不向きなタイプで、周りの人からうらやましがられる仕事で、成果を出す人でしょう。

同じような意味を持つ顔のホクロ

**⑳・タレントボクロ**

㋵▼おへその真裏

●**「ラッキーボクロ」**

このホクロが表れた人は、とても幸運です。本人の才能や実力、努力に関係なく、望み通りになる生まれ持ったツキがあります。

同じような意味を持つ顔のホクロ

**Ⓕ・運気UPUPボクロ**

㋶▼おへその真裏の周辺

●**「パトロンボクロ」**

このホクロが表れた人も、良い運を持っています。自分のために世話を焼いてくれたり、経済的な援助を支援してくれたり、生活の面倒を見てくれたりと、まるで足長おじさんのような人に恵まれる可能性を持っています。

同じような意味を持つ顔のホクロ

**Ⓔ・リッチボクロ**

㋷▼お尻

●**「妬まれボクロ」**

このホクロが表れた人は、とても恋愛運に恵まれています。しかし、周囲から妬みや反感をかわれがちなので、気をつけてください。

同じような意味を持つ顔のホクロ

**⑭・浮気ボクロ**

㋸▼尾てい骨

●**「H運ボクロ」**

このホクロが表れた人は、H面で相性のよい異性に恵まれます。楽しいHライフが送れる運勢の持ち主です。

同じような意味を持つ顔のホクロ

**⑯・ラブラブボクロ**

㋹－A▼男性のひざの裏側

●「**チャラ男ボクロ**」

このホクロが表れた男性は、女好きで、遊び人です。彼氏にないかチェックしましょう！　そんな印象がなくても、隠しているだけかもしれませんよ！

同じような意味を持つ顔のホクロ

**⑭・浮気ボクロ**

㋹－B▼女性のひざの裏側

●「**結婚障害ボクロ**」

このホクロが表れた女性は、結婚に至るまでに苦労します。結婚するまでの期間に困難が多かったり、トラブルなどで結婚が延びてしまったりします。

同じような意味を持つ顔のホクロ

**⑫・すきま風ボクロ**

㋺▼ふくらはぎ

●「**兄弟運ボクロ**」

このホクロが表れた人は、兄弟運に恵まれています。兄弟がいない場合は従兄弟に恵まれます。トラブルやピンチの時には、兄弟に頼りましょう！

同じような意味を持つ顔のホクロ

**該当なし**

㋻▼かかと

●「**マイホームボクロ**」

このホクロが表れた人は、よい不動産、土地や物件に恵まれます。不動産がらみのトラブルが起きても、すぐに解決します。

同じような意味を持つ顔のホクロ

**㉟・不動産ボクロ**

COLUMN 3

# ちょっとHなホクロの話

ホクロには、次のような都市伝説があります。

「クレオパトラ、楊貴妃など、絶世の美女のお尻にはホクロがあり、そのホクロを見つけた男は幸せになった……」。お尻にあるホクロを見つけたということは、その男性は絶世の美女たちとHしたのでしょうから、それだけでも幸せに違いありません！

ということで、みなさんお待ちかね（？）ボディ・シの部分、大事なあそこのホクロの話です。場所が場所だけに、やっぱりHに関することが多いのです！

まずは男性から。亀頭にあるホクロは「ナンパボクロ」です。初対面でも肉体関係に発展しようとする女好きの可能性があります。ペニスの亀頭側にあるのは「ナイスミドルボクロ」です。ここにホクロがある人は、中年からの仕事や恋愛に力を発揮します。だから若い頃にはモテなくても大丈夫？　ペニスの付け根側にあるホクロは表か裏で、意味がまったく逆になってしまいます。表にあれば「H残念ボクロ」で、裏にあればセックス100点の「H満点ボクロ」となります。睾丸にあるホクロは「スタミナボクロ」で、持続、耐久力が抜群です。なぜか、社長になり成功する人にも多いホクロです。

そして女性の場合。小陰唇にあるホクロは、「ヴァージンボクロ」です。ここにホクロが表れた人は、性への免疫力があまり強くありません。逆に大陰唇にあるホクロは「魔性の女ボクロ」で、このホクロが表れた人は、性に関してバラエティに飛んだテクニックの持ち主で、男性を虜にしてしまいます！

とはいえ、「そんな恥ずかしいところなんて、まじまじと見ない！」と思われるのでは？しかし、顔のホクロで、あそこにもホクロがあるのかわかる可能性があります。俗に「鼻が大きな男性は、あそこもデカイ」といわれていますが、男性の鼻にホクロがあると、あそこにもホクロがある可能性が高いのです！　女性の場合はクチビルにホクロがあると、あそこにもホクロがある可能性があります。クチビルにホクロがある女性がセクシーなのは、そのためかもしれませんね。

さて、鼻の下の溝の部分を「人中」といいます。人相学では「人中」は精管や産道の意味もあり、ここにホクロがあるのはそこに障害があることを意味する場合があります。そのため、ここにホクロが表れた人は、お子さんを授かった際には、トラブルが起きないように、注意しましょう！

CHAPTER.3

# 開運！ ホクロメイク

　さて、ホクロの意味はおわかりいただけましたか？　メッセージは受け取りましたか？　では、「ホクロメイク」を実践しましょう！

「メガネ」は視力を回復するものです。しかし、いまやおしゃれアイテムの一つとなっています。「ホクロメイク」も、おしゃれの一つなんです。みなさんは、気分によって、ファッションやヘアスタイル、メイクも変えられますよね？　そうした意味では、「ホクロメイク」はうってつけです。なぜなら、「ホクロ」には意味があるからです。意味を知った上で、気分に合わせて「ホクロメイク」すれば、運気もアップするはずです！　では、「どんな運気を上げたいか」のパターンに分けて、メイクしてみましょう！

# ホクロメイクのやり方

by 藤井陽子（メイクアップアーティスト）

ホクロメイクで準備してもらいたいのは、
- ・ペンシルアイライナー
- ・リキッドアイライナー
- ・めんぼう　　の3点！

1

まずホクロを描きたい位置にペンシルアイライナーを軽く押し付けてくるっと回して下さい。そうすればホクロのベースが出来ます。

2

①でつくったホクロのベースの中心から輪郭にむかってリキッドアイライナーで重ねて濃くして下さい。

3

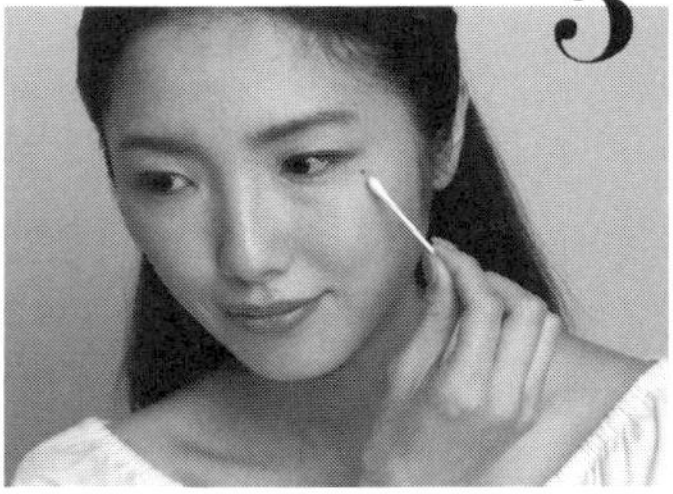

つくったホクロを綿棒で上から軽くたたきます。そうすることで①でつくったベースと②で重ねたリキッドがなじんで、より自然な仕上がりになります。こすってしまうとせっかくつくったホクロがヨレてしまったり消えてしまったりするので、ちょんちょんとやさしくたたくぐらいで十分です！

**最後に！** おまじないの様に自分の願いをホクロに込めれば完成 !!!
自己暗示がとても大切なので、強く願ってください。

# 初デートを緊張せずに成功させたい

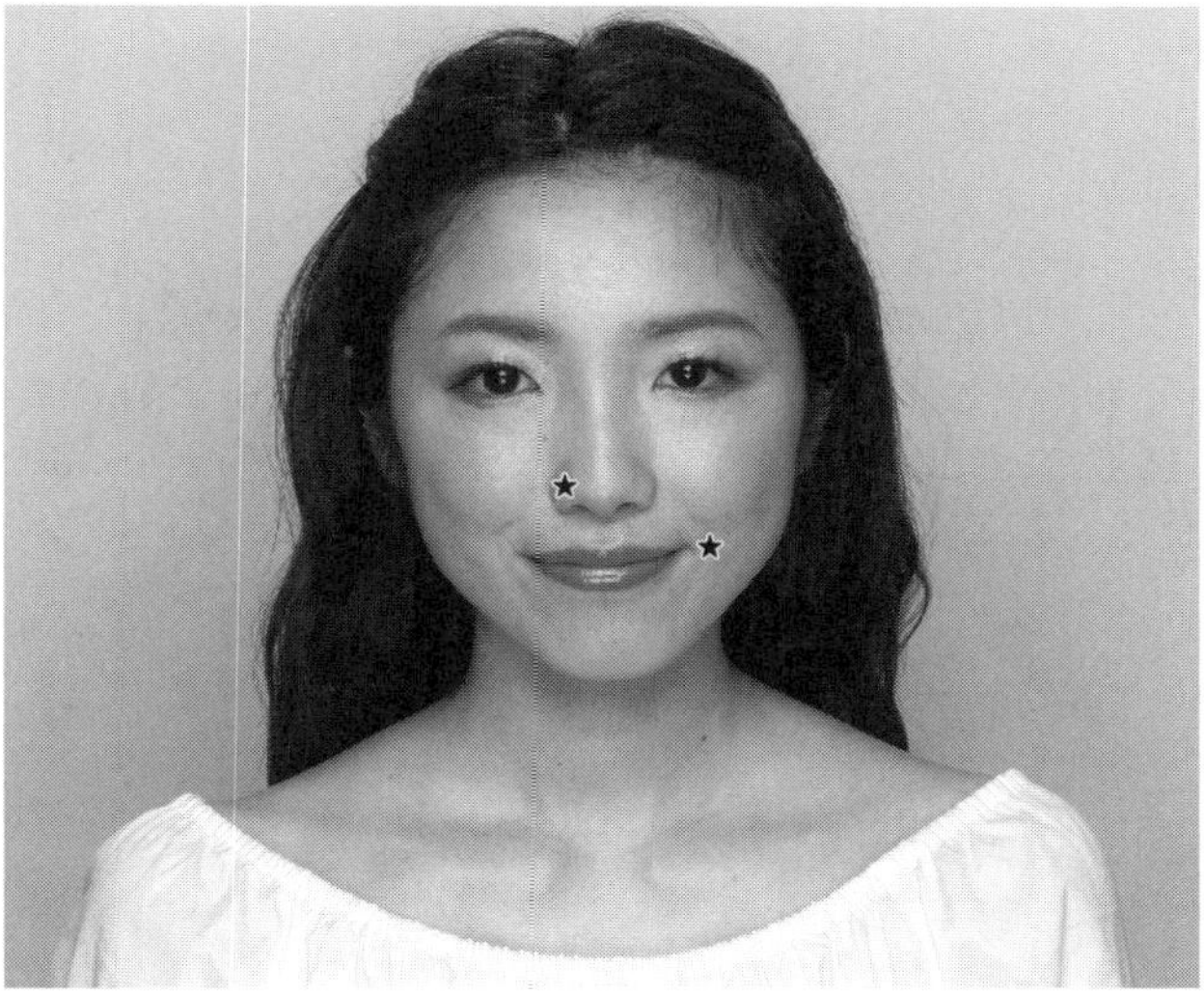

㉔ ワンチャンス × ㉛ おしゃべり

初デートは誰もが緊張してしまうものではないでしょうか。「どんな話をしたらいいのだろう？」「沈黙してしまったらどうしよう？」など不安に感じる人も多いのでは？ そんな時は、話し上手で人を楽しませる「おしゃべりボクロ」とプレッシャーを跳ね除ける力を持つ「ワンチャンスボクロ」の相乗効果で相手との会話を弾ませ、その日を存分に楽しめます。これで楽しい初デートを！

恋愛運編

# マンネリを解消させたい

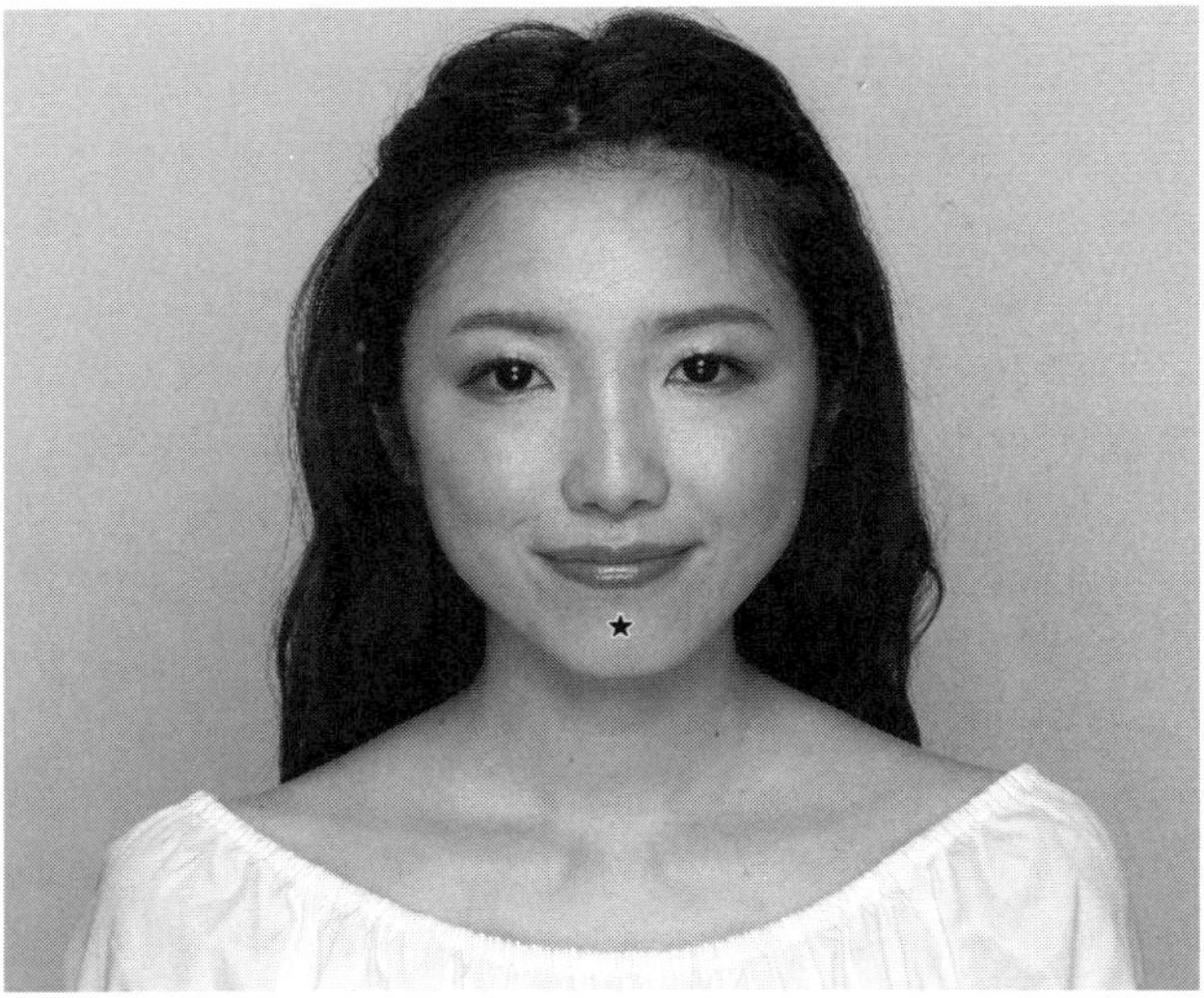

㉞ 女優・俳優 × Ⓒ クリエイター

一緒にいる時間が多ければ多いほど起こりうる可能性があるのがマンネリ。これを放っておいてしまうと、浮気や破局の原因になりますので常に刺激を与え、飽きさせない工夫をすることが大切になっていきます。こんな時は新しいデートプランが思いつく「クリエイターボクロ」と自己表現が上手な「女優・俳優ボクロ」の相乗効果で問題解決。これで新鮮さを取り戻せます。飽きさせない女性になれるでしょう!

恋愛運編

# 男運を上げたい

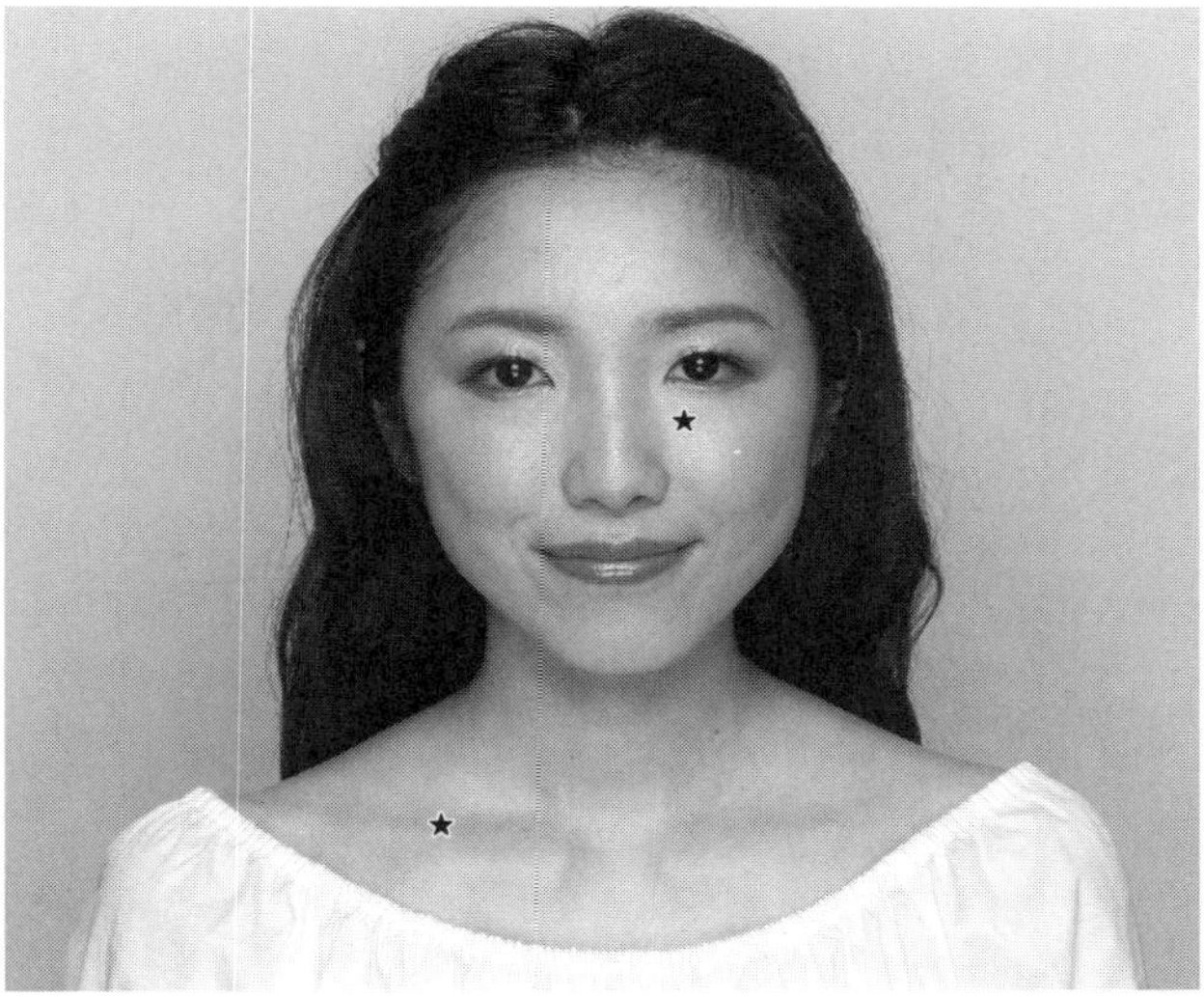

## ⑳ タレントボクロ × ㊵ モテモテ × Ⓑ ドS

男運を上げたいと思っているあなた！　という事は過去、現在、あまり男運がなかったのでは？　それは男性を見る目がないのです。こんな時は、人を魅了する「モテモテボクロ」と人前に出て自分をアピールすると成功につながる「タレントボクロ」、さらに自分に厳しくなる「ドSボクロ」の相乗効果でモテモテになり、ダメンズを見極める力をつけられます。これでダメンズとはおさらば。男運UP間違いなし！

恋愛運編

# 出会いの場で異性からの注目を集めたい

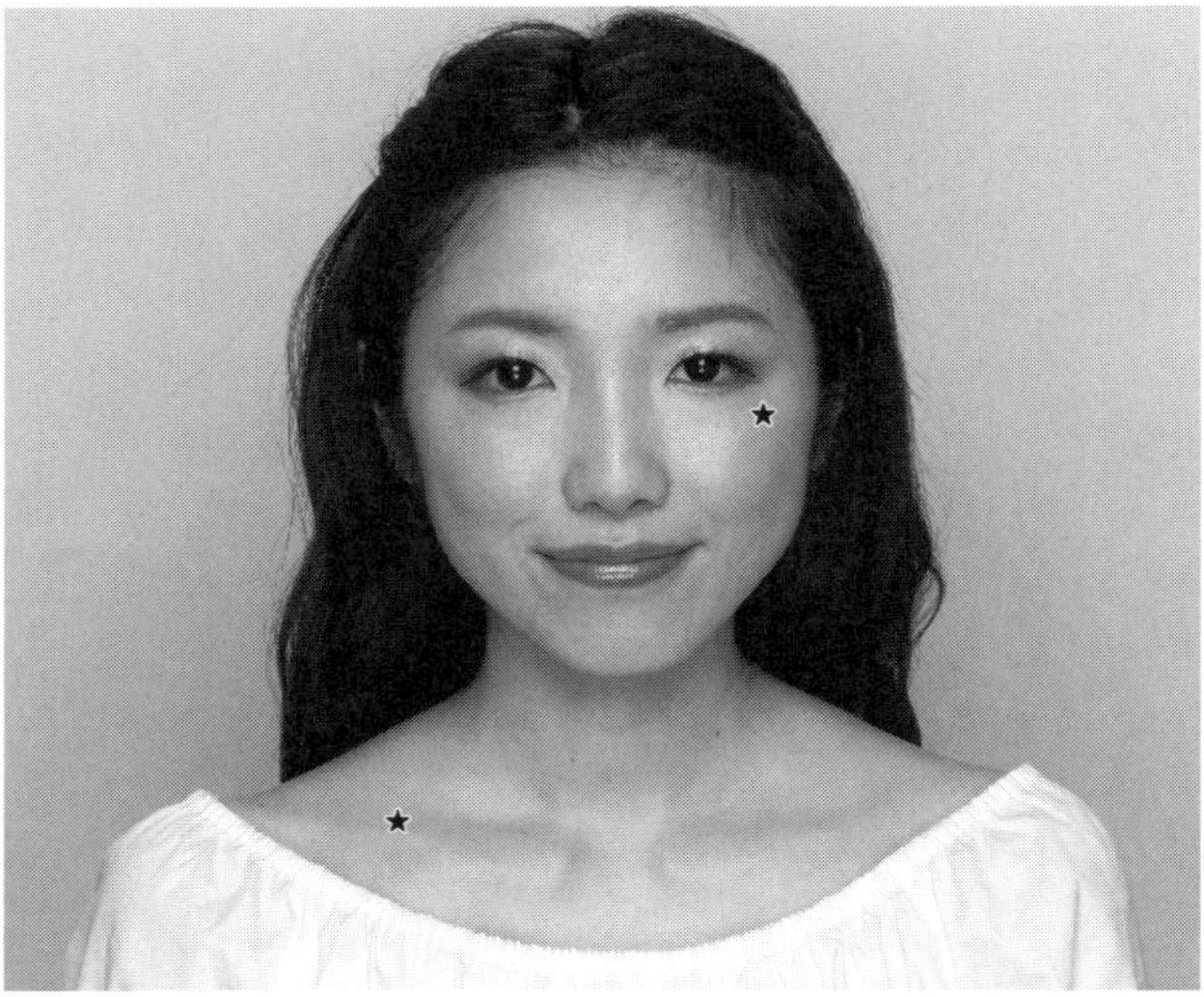

⑰ かまちょ × ㊵ モテモテ

合コンやパーティーなど、どうせ行くなら異性から一目置かれる存在になりたいですよね？　こんな時は、沢山の人を惹きつける「モテモテボクロ」と異性へのアピール度が高く、寂しい気持ちを表す「かまちょボクロ」の相乗効果で注目されること間違いなしです。鎖骨の「モテモテボクロ」が見える様な服装がポイント。出会いの場での振舞いを堂々としましょう。これであなたは注目の的！

恋愛運編

# 告白を成功させたい

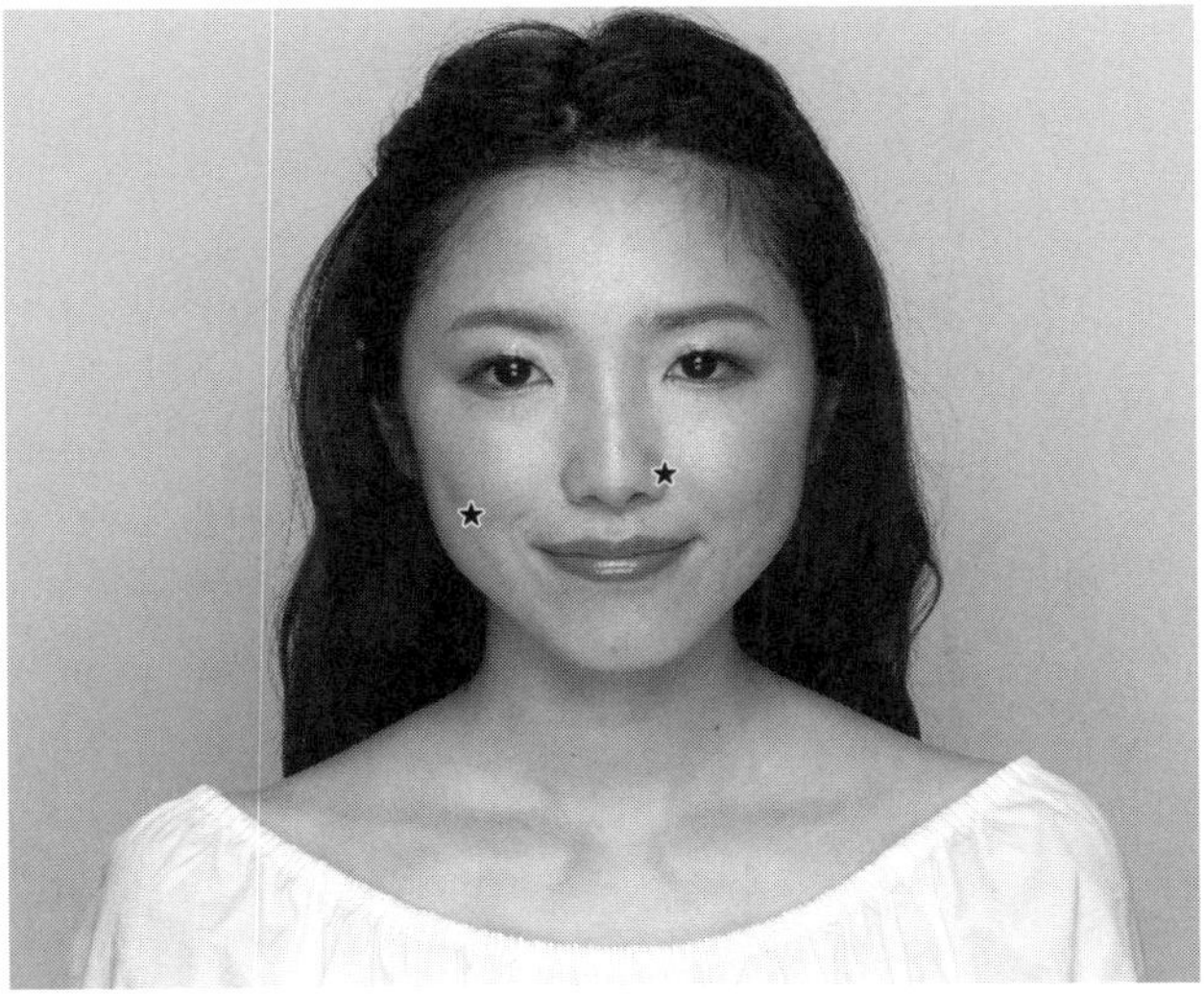

㉔ ワンチャンス × ㉙ ポジティブ

草食系男子が増えている昨今、女性から告白をしないと交際に発展しないことがあるのでは無いでしょうか？　自分から告白をしようと思ってはいるものの、なかなか勇気が持てないあなた。そんな時は、ここぞという勝負ごとに強い「ワンチャンスボクロ」と有言実行で欲を満たす「ポジティブボクロ」の相乗効果で告白の成功間違いなしです。ずっと友達のままで良いんですか？　素敵な彼氏を手に入れましょう！

恋愛運編

# 玉の輿にのりたい

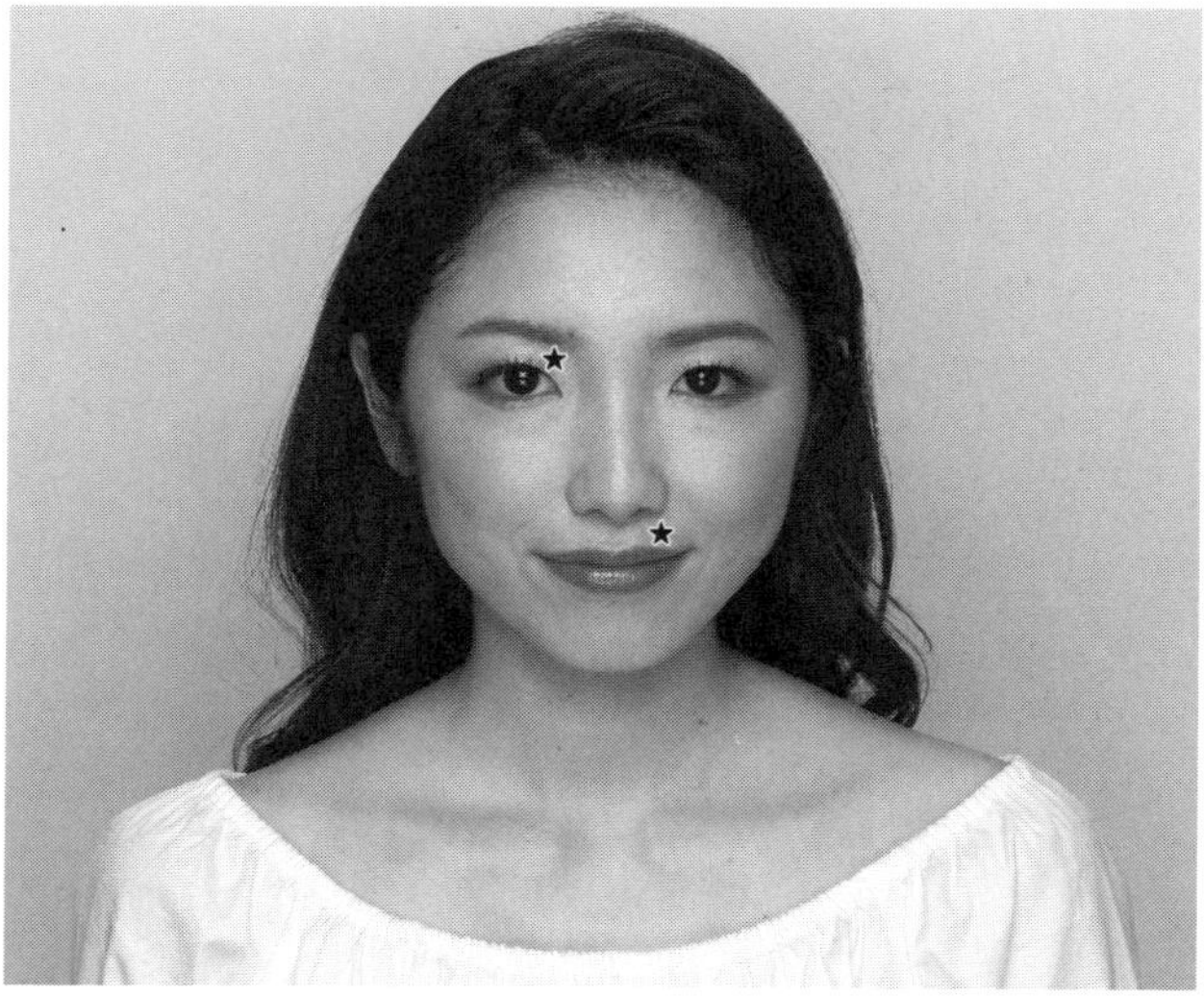

**⑨ レガシー × ㉖ ハッピー！**

女性なら一度は玉の輿にのりたいと考えたことがあるのではないでしょうか？　そんな時は、身内から遺産を受け継ぐ可能性がある「レガシーボクロ」と豊かな生活が送れる「ハッピー！　ボクロ」の相乗効果で玉の輿にのれます。実は、メジャーリーガー田中将大選手とご結婚された里田まいさんもこの2つのホクロをお持ちでした。旦那さんがニューヨークヤンキースと7年で総額約161億円もの大契約を結んだのもうなずけます。

# 恋人に結婚を意識させたい

⑯ ラブラブ × ⑰ かまちょ × Ⓑ ドS

私は結婚したいのに、長く付き合っている彼氏がなかなかプロポーズしてくれない……と悩む女性もいらっしゃると思います。そんな時は、寂しい気持ちのアピールになる「かまちょボクロ」と自分をトコトン追い込む「ドSボクロ」、さらに結婚すれば夫婦円満になれる「ラブラブボクロ」の相乗効果で自然と彼氏から結婚話が出るでしょう。彼氏にも「ラブラブボクロ」をメイクすれば効果大。これでゴールイン間違いなし！

恋愛運編

# 大人の色気をアピールしたい

⑫ すきま風 × ㊳ チヤホヤ

色気がないと悩む女性は多いのではないしょうか？　こんな時は、お誘い事が増える「チヤホヤボクロ」と、あえて隙がある事のアピールになる「すきま風ボクロ」の相乗効果で大人の色気のある女性に早変わりです。実は、反町隆史さんと結婚された松嶋菜々子さんもこの2つのホクロをお持ちです。人気絶頂の反町隆史さんが松嶋菜々子さんにアプローチして結婚に至ったのもうなずけます。

恋愛運編

# 女子力を上げたい

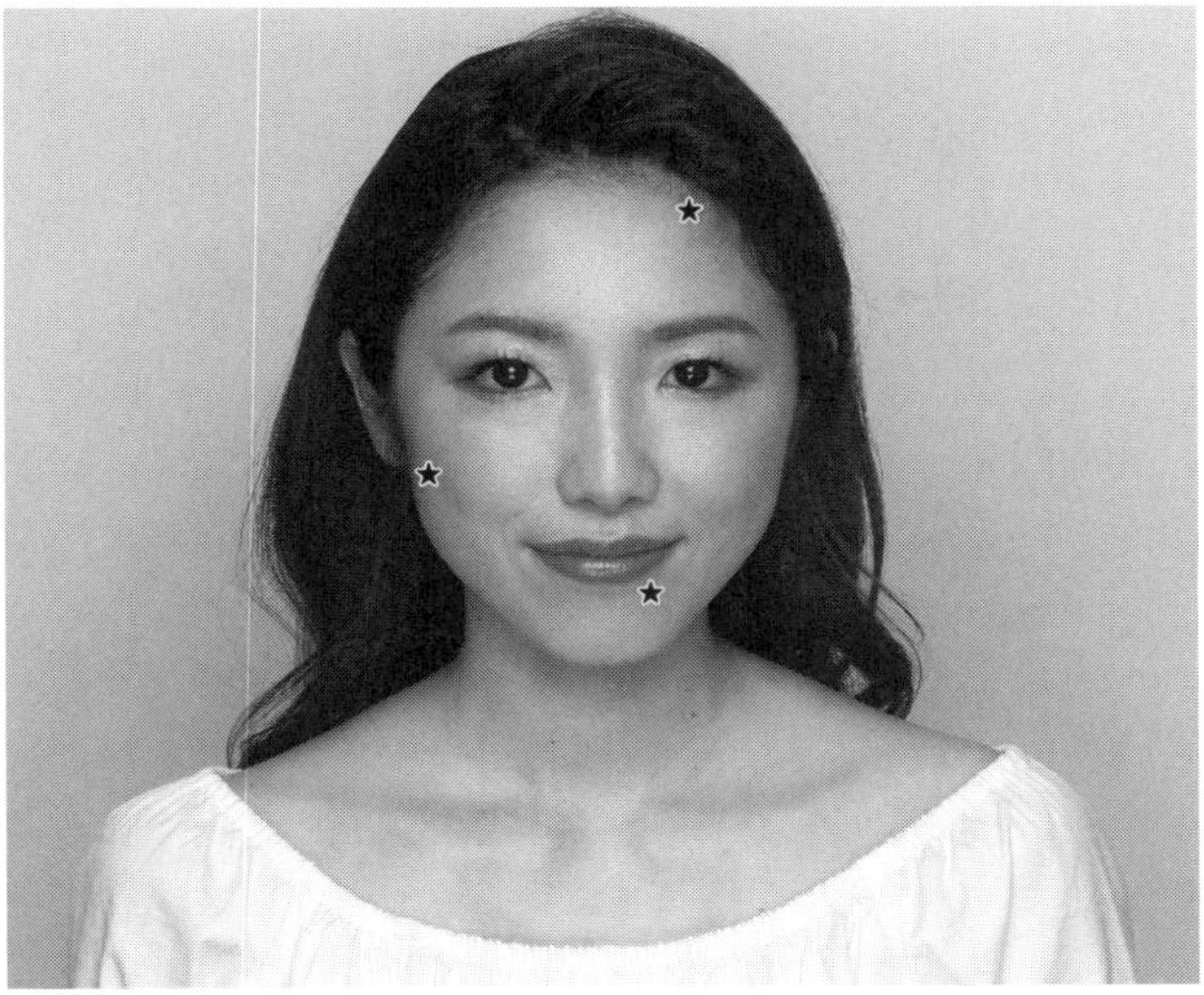

③ まおちゃん × ㉒ 文春 × ㉝ ライバル

「私、女子力低下してるな〜。どうにかしないと」と思っているあなた。女子力が低下している原因はあなたが色々と面倒くさがってるのでは？そんな時は、他の女友達に負けじとがんばれる「ライバルボクロ」と女子力アップの情報を得る「文春ボクロ」、さらに移動することで幸運を得る「まおちゃんボクロ」の相乗効果で問題解決。女性としてドンドン磨かれていくでしょう。女子力アップ間違いなし！

恋愛運編

# いつもとは違う自分を演出したい

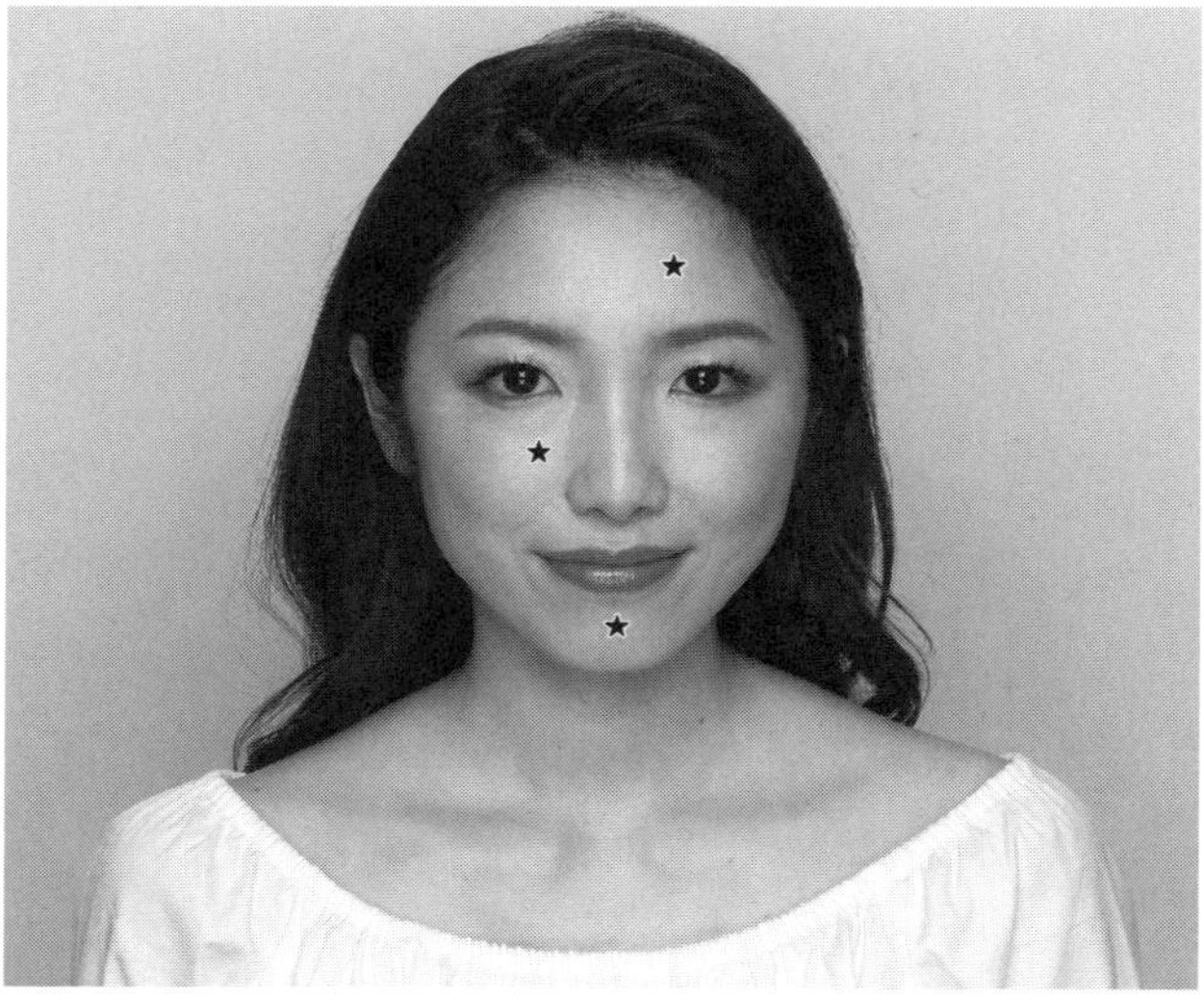

④ へんじん × ⑳ タレント × ㉞ 女優・俳優

普段とは違う自分を演出して魅力をアップさせたいあなた。こんな時は、人とは異なる発想行動ができる「へんじんボクロ」と自己表現が豊かな「女優・俳優ボクロ」、さらに人前に出て自分をアピールすると良い「タレントボクロ」の相乗効果で問題解決。今までと違う行動がキーワードになります。そのギャップが魅力となり、新しい出会いが増え、恋のチャンスも広がるでしょう!

恋愛運編

# アゲマンになりたい

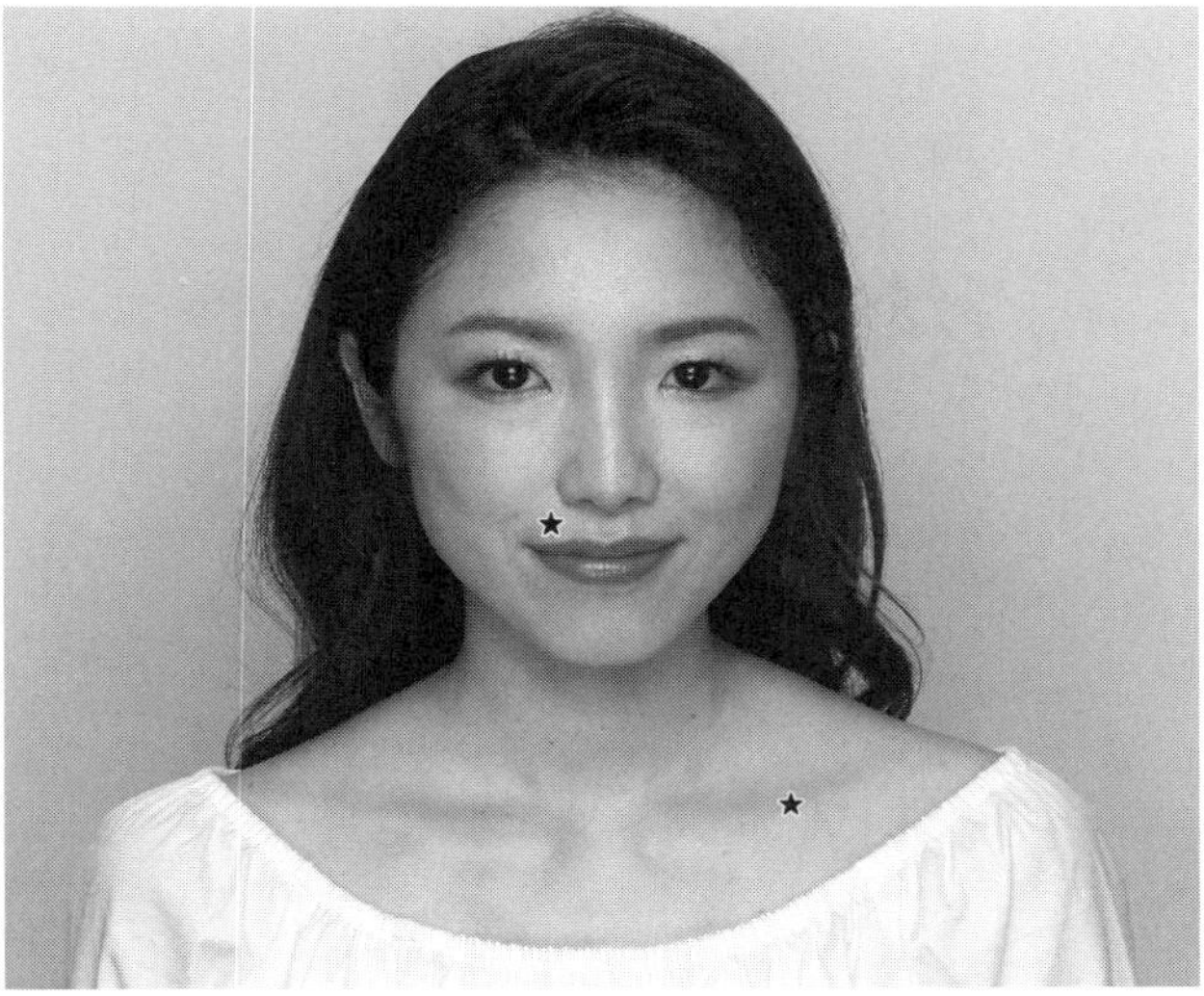

㉖ ハッピー! × ㊵ モテモテ × Ⓕ 運気UPUP

一緒にいる男性の運気を上げるアゲマン女性になるにはあなた自身が強運になることです。衣食住全般で困らない「ハッピー!　ボクロ」と沢山の人を惹きつける「モテモテボクロ」、さらに最強運の持ち主「運気UPUPボクロ」の相乗効果でアゲマン女性の完成です。沢山の幸運を運んできてくれる素敵な女性となるでしょう!

仕事・金運編

# 職場の人間関係を良くしたい

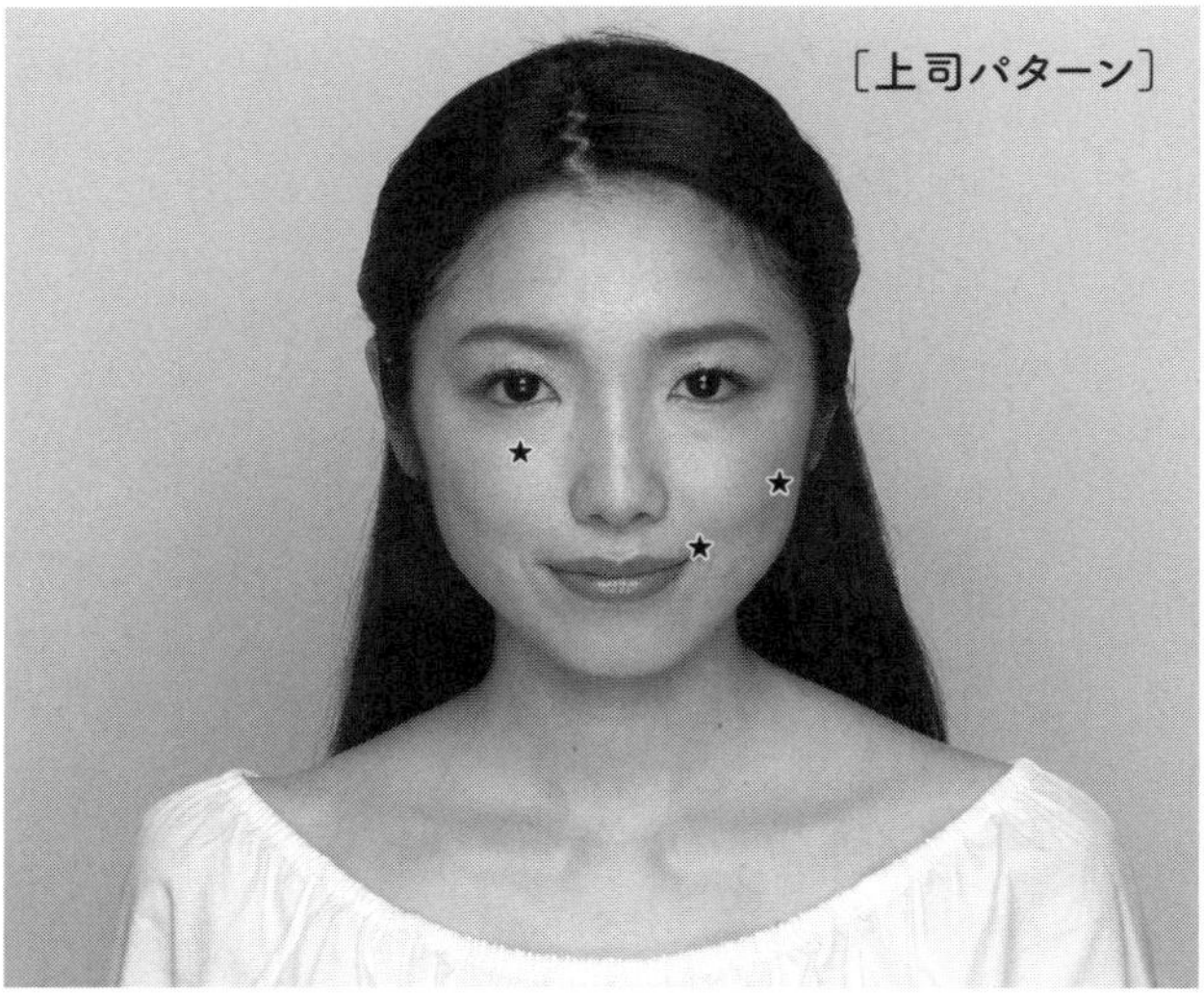


〔上司パターン〕
⑳ タレント×
㉒ 文春×
㉛ おしゃべり

こんな時は、上司に可愛がられる「タレントボクロ」と上司と良い関係築くための情報を得る「文春ボクロ」、さらに上司とのコミュニケーション力を上げる「おしゃべりボクロ」の相乗効果で上司から愛されます。

〔部下パターン〕
㉒ 文春×
㉛ おしゃべり×
㊱ リーダー

こんな時は、部下に支えられ助けられる「リーダーボクロ」と部下と良い関係を築くための情報を得る「文春ボクロ」、さらに部下とのコミュニケーション力を上げる「おしゃべりボクロ」の相乗効果で部下からの信頼を集められます。

# 仕事へのやる気を出したい

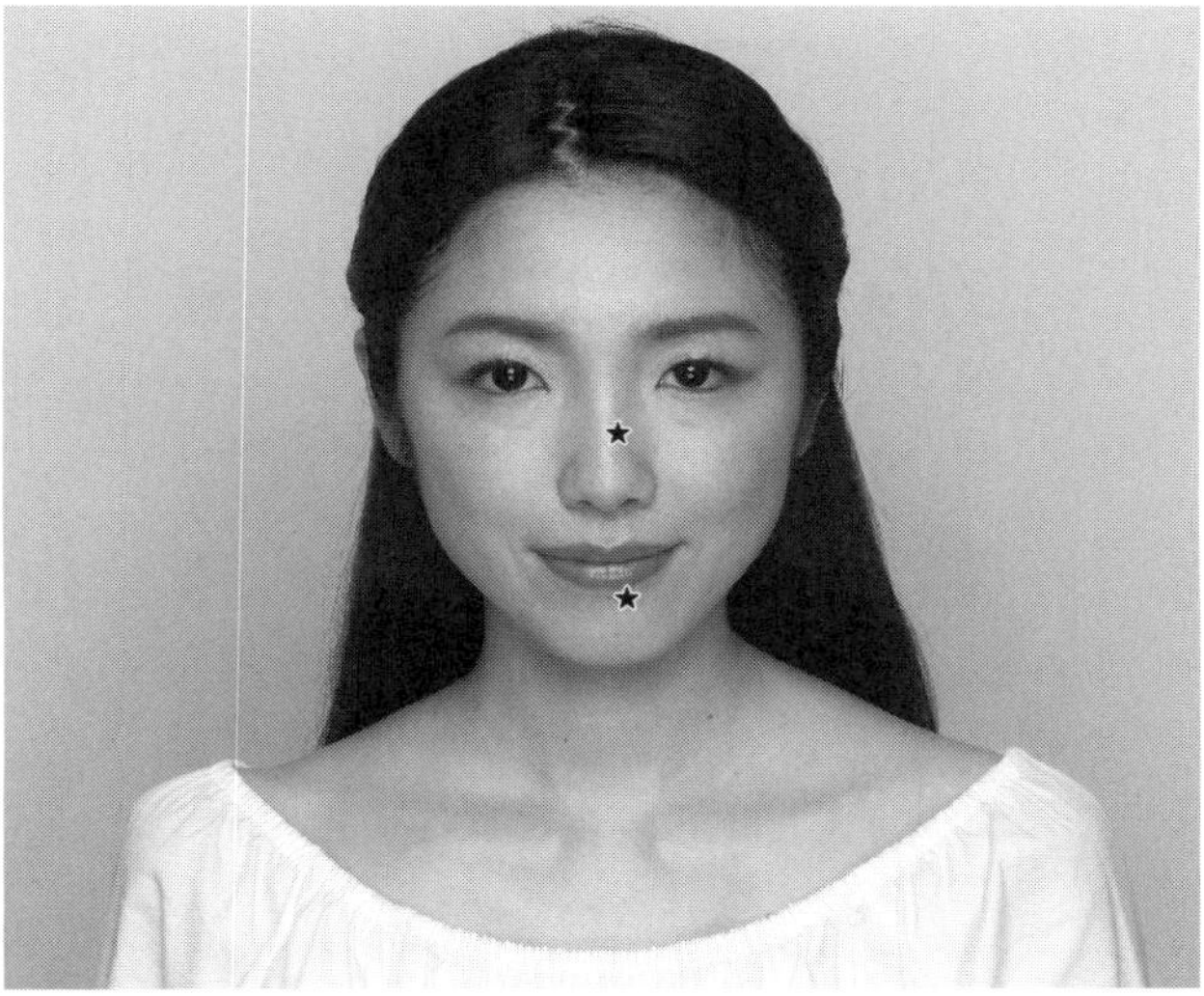

⑱ コツコツ×㉝ ライバル

なんだか仕事にやる気が出ない。そんな時は、何ごとにも闘志満々でぶつかっていく「コツコツボクロ」とライバルがいることで燃える「ライバルボクロ」の相乗効果でやる気スイッチがOFFからONに変わります。実は、嵐の松本潤さんもこの2つのホクロをお持ちでした。初期の頃から嵐のコンサート演出をメインで手掛け、夢の空間を作り上げているのもうなずけます。

仕事・金運編

# 収入をアップさせたい

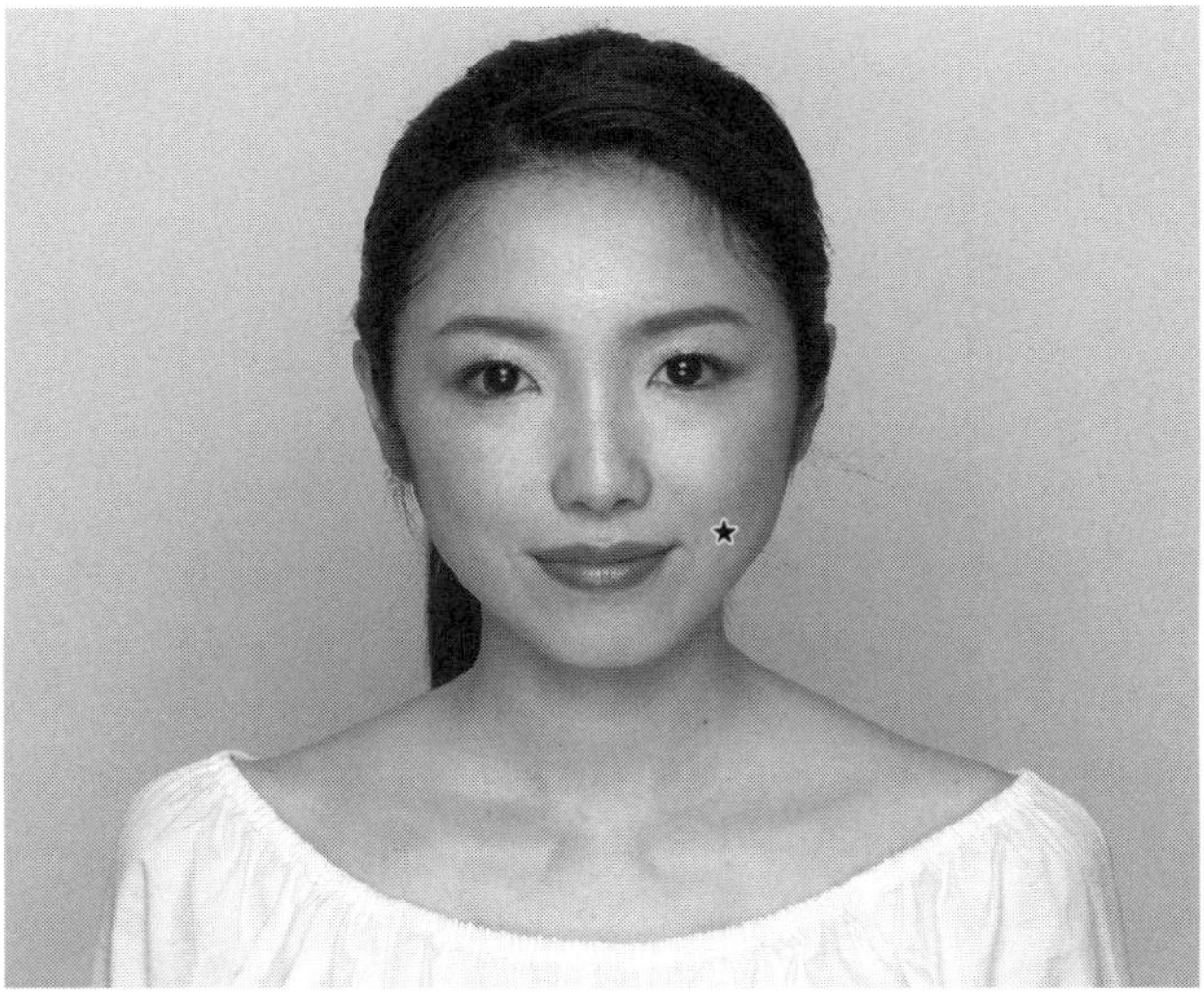

㉙ ポジティブ × Ⓔ リッチ

収入を上げたいと思っている方は多いのではないでしょうか？　でも、毎日頑張って働いているのに、なかなか上がらないのが現実です。こんな時は、有言実行で欲を満たす「ポジティブボクロ」と一生を通じてお金に困らない「リッチボクロ」の相乗効果で問題解決。「収入アップする！」と口に出していきましょう。節約生活とはこれでおさらば。収入アップ間違いなしです！

# 出世したい

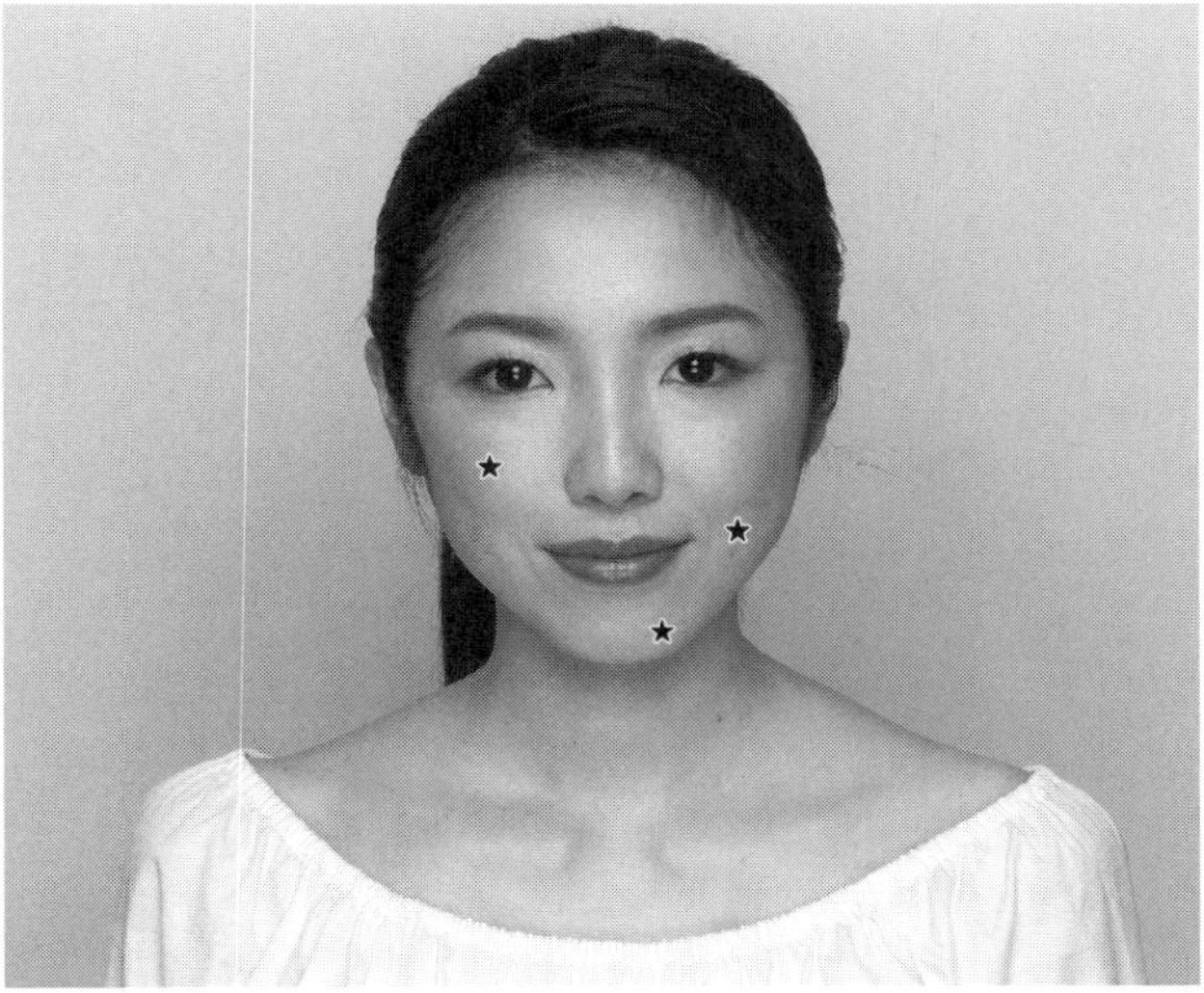

## ㉑ サクセス × ㉙ ポジティブ × ㊱ リーダー

出世欲が強いのにも関わらず、なかなか報われない、結果につながらないと思っているあなた。こんな時は、芯が強く持ち前の負けん気で最終的に成功する「サクセスボクロ」と有言実行で欲を満たす「ポジティブボクロ」、さらに人の上に立ち組織やチームを成功へと導く「リーダーボクロ」の相乗効果で問題解決。出世街道まっしぐらになります。地位と名誉を手に入れられます！

# あとがき

ぼくには、左頬にホクロがあります。子供の頃には、それがコンプレックスで、大嫌いでした。「ゴミついてるよ」、「それ鼻くそ?」とか散々イジられてきたからです。

ところが、このホクロのおかげで、幸運をつかむことになるとは……。

鶴瓶師匠から「タモリさんにもそのホクロあるで!」と言われ、タモリさんのサングラスに隠れる「カリスマボクロ」を見つけたのは、２０１３年６月６日の『笑っていいとも!』の生放送に出演させていただいた時のこと。子供の頃から憧れていた番組に出演する日が来るとは夢にも思いませんでした。それも大嫌いだったはずの「ホクロ」のおかげで……。

芸人の世界は、とてもきびしい世界です。ネタがおもしろいだけでは売れません。ネタがおもしろくなくても、飛び抜けたキャラクターで売れてしまう人もいます。自慢できることではありませんが、ぼくのコンビのネタはそこそこ。恥ずかしながら、ぼくには特にキャラクターもありません。芸歴を重ね、パッとしない日々が続いた時、あるライブで先輩芸人がぼくのホクロをいじったのです。

「オマエ、鼻くそついてるぞ!」

この時、笑いが起こったのです。芸人はもちろん、お客さんからも大きな笑いが起こりました。まさか、このホクロで笑いがとれるとは! このホクロのおかげで、ぼくは多くの芸人さんやお客さんから覚えてもらえるようになったのです。

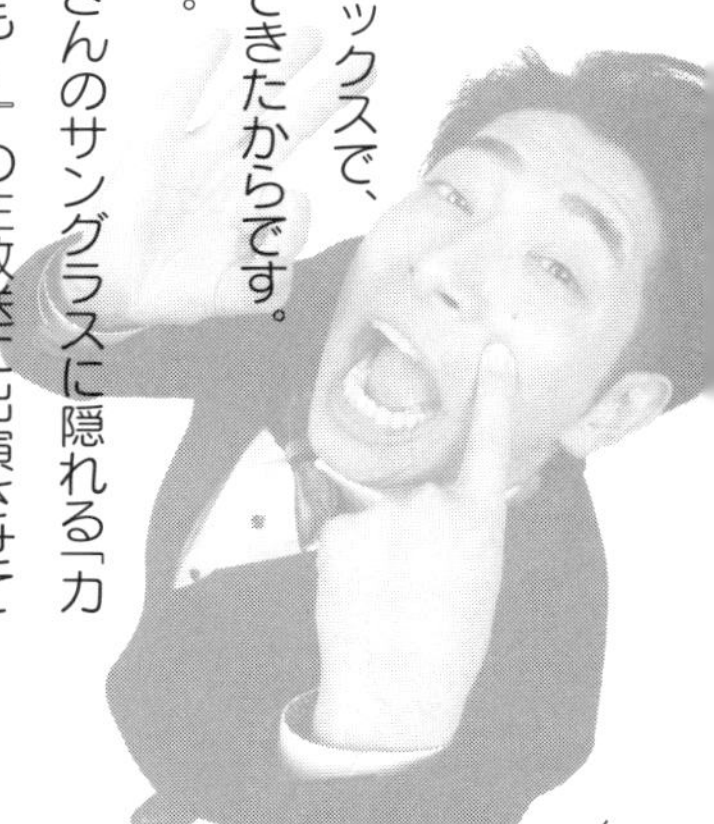

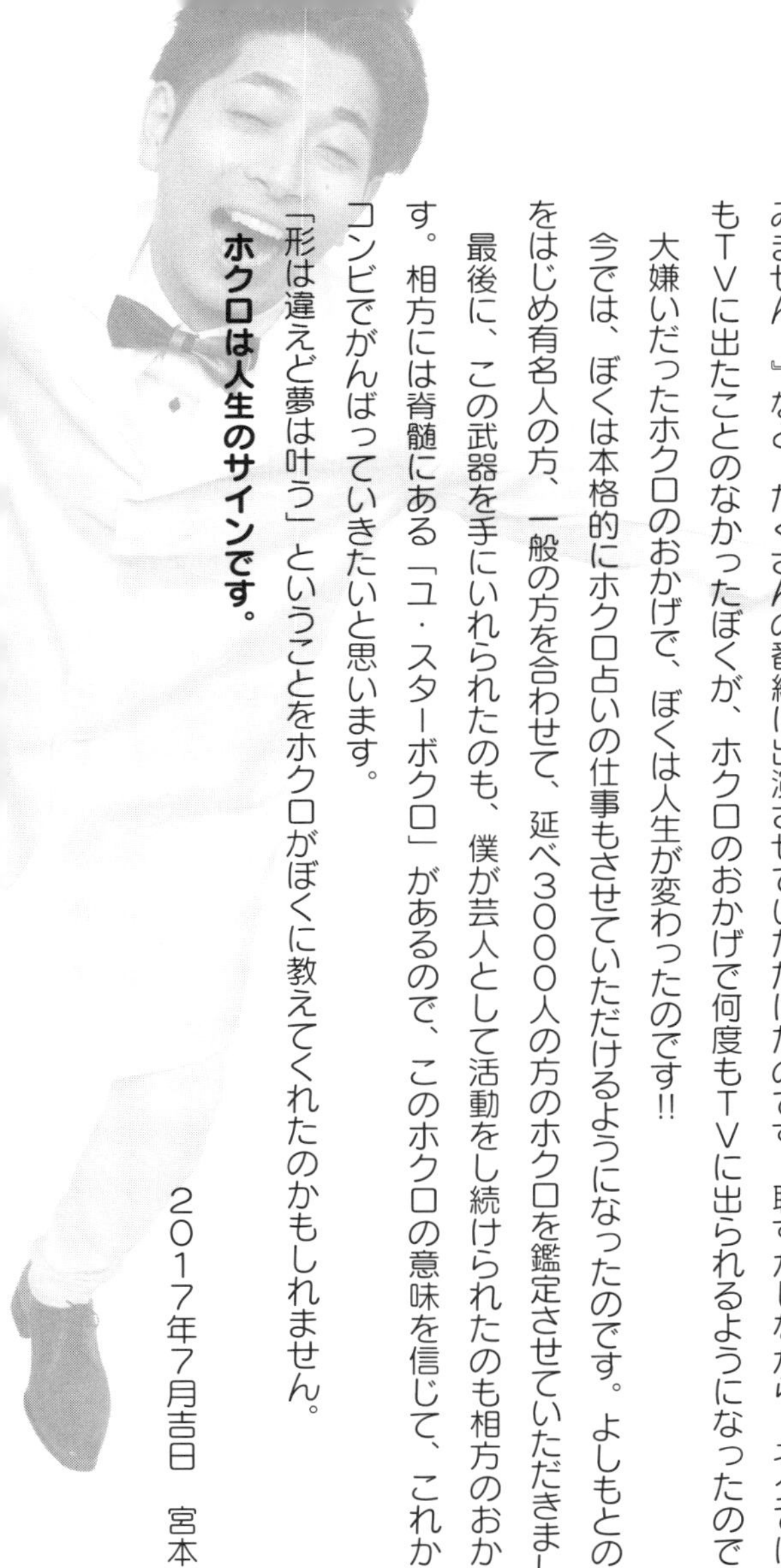

大嫌いだったホクロが、逆に自分の武器になっている。このホクロはなんのためにあるのだろう？そう思って独学で人相学を学んだのが、「ホクロ占い」を始めたきっかけです。それから多くの人相学の本を読みあさり、独学で研究し、先生に弟子入りもして、ぼく流の「ホクロ占い」をまとめていきました。

そして、『笑っていいとも！』、『中居正広のミになる図書館』、『スクール革命』、『ウチのガヤがすみません！』など、たくさんの番組に出演させていただけたのです。恥ずかしながら、ネタでは一度もＴＶに出たことのなかったぼくが、ホクロのおかげで何度もＴＶに出られるようになったのです！

大嫌いだったホクロのおかげで、ぼくは人生が変わったのです!!

今では、ぼくは本格的にホクロ占いの仕事もさせていただけるようになったのです。よしもとの芸人をはじめ有名人の方、一般の方を合わせて、延べ３０００人の方のホクロを鑑定させていただきました。

最後に、この武器を手にいれられたのも、僕が芸人として活動をし続けられたのも相方のおかげです。相方には脊髄にある「ユ・スターボクロ」があるので、このホクロの意味を信じて、これからもコンビでがんばっていきたいと思います。

「形は違えど夢は叶う」ということをホクロがぼくに教えてくれたのかもしれません。

**ホクロは人生のサインです。**

２０１７年７月吉日　宮本和幸

著者
## 宮本和幸

生年月日　1986 年 10 月 23 日
よしもとクリエイティブ・エージェンシー所属のお笑いコンビ「スカチャン」として活動中。

数年前からホクロ占いを学び、鑑定を始めたところ、芸能人の間で「当たる！」と評判に。

『笑っていいとも！』（フジテレビ系）のコーナー「思わず鏡を見てしまう！ ホクロ鑑定」を担当し、『中居正広のミになる図書館』（テレビ朝日系）、『スクール革命』『ウチのガヤがすみません！』（日本テレビ系）などにも出演 !!!

ツイッターアカウント　https://twitter.com/ducks_miya

メイク監修
## 藤井陽子

2013 年東京文化美容専門学校卒。テレビ局のメイク室で 2 年間勤務後、フリーランスとして活動開始。『水曜歌謡祭』（フジテレビ系）、『ALL ザップ』、『韓流ザップ』、『男のザップ』、『フルコーラス』、『バズーカ』（BS スカパー）、『てんぱいクイーン』（CS テレ朝チャンネル）、その他バラエティ番組、ミニドラマ、雑誌、MV、web 広告、企業 VTR、CM などで活躍。主な担当タレントは、平愛梨、平祐奈、佐藤聖羅、西崎莉麻、TKO、フラチナリズム、Creepy Nuts、ハマオカモトなど。

メイク編モデル
## 高瀬知佳

生年月日　1988 年 9 月 21 日
・初めて載った雑誌は『CANDy』（白泉社）、15 歳の時。ホクロ・顔は頬の下に左右均等にある。左手の薬指と中指の第二関節にもある。経歴『seventeen』（集英社）、『saita』（セブン & アイ出版）、『mamagirl』（M-ON! Entertainment）、『hugmug』（シー・レップ）、『VERY』（光文社）、『nina's』（祥伝社）など。
ハンドメイドアクセ HP → http://aimer21.thebase.in
Instagram アカウント→ @aimer_bijoux

構成協力　山田ナビスコ

マネジメント　小菅佑恭（よしもとクリエイティブ・エージェンシー）
書籍担当　南百瀬健太郎（よしもとクリエイティブ・エージェンシー）

写真撮影　田中和子
撮影アシスタント　堀美由紀

本文イラスト／作図 Yuki

装丁・デザイン　志村謙（バナナグローブスタジオ）

編集担当　藤岡啓（竹書房）
編集協力　Cheshire

# スカチャン・宮本の
# 開運！　ホクロ占い&メイク

2017 年 8 月 4 日　初版第 1 刷発行

著者 : 宮本和幸
発行人 : 後藤明信
発行所 : 株式会社竹書房
〒 102-0072　東京都千代田区飯田橋 2-7-3
TEL 03-3264-1576（代表）
03-3234-6301（編集）
竹書房ホームページ　http//www.takeshobo.co.jp

印刷・製本　共同印刷株式会社



ISBN978-4-8019-1146-8